E. Winter, I. Stoiber, H. Engel

**Schicksal
Abhängigkeit
?**

Psychologie populär

Herausgegeben von
Dr. sc. Harry Dettenborn
(Leiter des Kollektivs),
Prof. Dr. sc. Jürgen Guthke,
Prof. Dr. Walter Mäder,
Doz. Dr. sc. Peter Richter
im Auftrag der Gesellschaft
für Psychologie der DDR
Band 3

Erik Winter, Ilona Stoiber, Hasso Engel

Schicksal Abhängig- keit ?

Ausweg
aus Problemen mit sich
und dem Alkohol

VEB Deutscher Verlag
der Wissenschaften
Berlin 1987

mit 32 Abbildungen
und 27 Übersichten

Für die freundliche Unterstützung bei der Beschaffung
der Abbildungsunterlagen danken wir dem Deutschen
Hygiene-Museum in der DDR sowie O. Brauer (1), G.
und J. Molhes (2), D. Netzher (3, 6), H. Opitz (4), Ch.
Ewald (5), S. Odenius (7), W. Brock (8), E. Herrmann (9),
W. Geisler (10), U. und H. Reuter (11 bis 16), ferner dem
Corvina-Verlag (Budapest) sowie A. Jordan (17, 18, 20,
23, 30, 31), I. Hegedüs (21, 25, 28), T. Kajan (19, 27, 29,
32), L. Réber (22, 24), U. Reuter (26).

ISBN 3-326-00261-0

Verlagslektor: Winfried Haenschke
Reihenentwurf: Ulrich Reuter
Titelgestaltung: H. und U. Reuter
Verlagshersteller: Sabine Ziebell
© 1987 VEB Deutscher Verlag der Wissenschaften,
DDR - 1080 Berlin, Postfach 1216
Lizenz-Nr.: 206·435/47/87
Printed in the German Democratic Republic
Gesamtherstellung: Druckerei Schweriner Volkszeitung
LSV 0199
Bestellnummer: 571 490 4
00780

Inhaltsverzeichnis

Einleitung

Der Alkohol wird seit Jahrhunderten wegen seiner nützlichen Funktion und positiven Wirkungen hergestellt und verbreitet. Sein Gebrauch stellt nichts Ungewöhnliches dar. Zu vielen individuellen und gesellschaftlichen Anlässen ist es üblich, alkoholische Getränke anzubieten und zu genießen. Sind die Gelegenheiten zum Trinken überhaupt noch erfaßbar, oder wäre es leichter, die Situationen aufzuführen, wo das Trinken unmöglich wäre? Trinken erscheint uns eher als Ausdruck der Lebensbejahung und Lebensfreude, auch wenn es manchmal nur aus dem Bestreben resultiert, sich dem Verhalten anderer anzupassen.

Menschen lernten und müssen es immer wieder lernen, mit Akohol umzugehen. An diese Aufgabe gehen Jugendliche entsprechend dem Vorbild ihrer Umwelt ganz unbefangen und stolz, endlich erwachsen zu sein, heran. Ist es denn dabei denkbar, daß es für den einen oder anderen zum Problem werden kann, so zu trinken, wie er sich das vorgestellt hatte? „Der Teufel steckt im Detail", besagt ein Sprichwort. Nicht der Alkohol selbst ist der „Teufel", sondern verteufelt schwer kann angemessenes Verhalten im Umgang mit Alkohol fallen. Es beunruhigt uns immer wieder, wenn durch das Trinkverhalten Folgen eintreten, die niemand erwartet und gewünscht hat. Immer wieder wird von betrunkenen Kraftfahrern berichtet, die Verkehrsunfälle verursacht haben. Je schlimmer die eingetretenen Folgen sind, desto bestürzter sind wir. Häufig erfahren wir, wie das Trinken eines Partners eine Ehe belastet, wie der andere Partner und die Kinder darunter leiden. Mancher unter uns wird wahrscheinlich einen oder mehrere Kollegen kennen, die zunehmend durch ihr Trinken auffallen, unzuverlässig werden und trotz aller Hilfe mehr und mehr ausfallen. Wir sind betroffen, wie oft Straftaten unter Alkoholeinfluß begangen werden. Manchmal, wenn wir den Täter kennen, halten wir sein Verhalten kaum für möglich, da er nüchtern „ganz anders" ist. Uns bedrücken Berichte über Gruppen von Jugendlichen, die im Rausch ganz sinnlose, rowdyhafte Handlungen gegen Sachen und Menschen begehen. In Gesundheitseinrichtungen erfahren wir, wie häufig Alkohol die Ursache von Unfällen und schweren Krankheiten ist. Man weiß von dieser oder jener Frau oder Mutter, die ihr Leben nicht bewältigt und im Alkohol Trost sucht, auch um den Preis der Vernachlässigung ihrer Kinder. Und mancher erlebt an sich selbst, daß er sich im Rausch nicht mehr beherrschen kann, tut, was er nicht beabsichtigte, und erreicht, was er nicht wollte. Nicht wenige erfahren dies so häufig, daß sie das nächste Trinken wegen seiner möglichen Folgen fürchten, ohne es jedoch vermeiden zu können.

So können viele, als Betroffene oder Mitbetroffene, aus eigenem Erleben oder aus Beobachtungen an anderen erkennen, daß sich neben erwünschten und erwarteten Alkoholwirkungen auch unerwünschte und unerwartete einstellen und daß es nicht immer gelingt, sie zu verhüten, selbst wenn die Absicht besteht.

Auch bestimmten Arzneimitteln wohnen ähnliche Gefahren wie dem Alkohol inne, wenn sie bedenkenlos oder falsch benutzt werden. Es hängt oft nur vom Zufall ab, ob jemand im Alkohol oder in Tabletten das Mittel findet, das ihm zunächst bei der Bewältigung seiner Lebensschwierigkeiten hilfreich zu sein scheint. So erweisen sich alkoholische Getränke und eine Reihe von Arzneimitteln als Risikofaktoren. Von uns hängt es aber auch ab, ein erkanntes Risiko zu vermeiden oder zu verringern.

Wie große Hoffnungen hat mancher dabei in seine eigene Kraft gesetzt, sich zu ändern, weil er es selber wollte oder weil es von ihm erwartet oder gefordert wurde! Wie viele Enttäuschungen hat das Scheitern solcher Bemühungen hervorgerufen! Wie oft sind auch jene verzweifelt, die dabei helfen wollten und auch enttäuscht wurden, weil sie keinen Erfolg hatten! Wie oft sehnte man sich nach der Vergangenheit, in der man noch trinken konnte, und wie oft wollte man alles daransetzen, wieder so trinken zu können wie früher! Wie oft wurden Konsequenzen angedroht und wieder aufgehoben! Wie oft wollte ein Trinker aus dem Leben scheiden, wie oft der, der diesen miterleben, miterleiden mußte und es nicht mehr ertragen konnte! Waren es immer nur leere Drohungen? Lösten Trennungen – der Ehe und Partnerschaft, der Eltern vom Kind, des Betriebes vom Kollegen – das Problem? Verschoben sich damit nicht nur Lasten und Verantwortung? Waren das nicht allzuoft Stationen auf einem Weg, den man einen Abstieg, ja Absturz nennen kann? Gelegentlich oder häufig entgleisendes Trinken wird als Alkoholmißbrauch angesehen. Viele bringen einem solchen Trinken kein Verständnis entgegen, sehen darin den Ausdruck der Haltlosigkeit, der Willensschwäche, vermissen die Bereitschaft, sich normgerecht zu verhalten. Bedauerlicherweise wird aber auch der, der Alkohol und Trinken für sich völlig ablehnt, wegen dieses „unnormalen" Verhaltens mißverstanden, belächelt, verachtet. So können der Vieltrinker und Starktrinker und auch der Nichttrinker und Nicht-mehr-Trinker in eine ihn belastende Außenseiterstellung geraten.

Nur wenige wissen, daß aus einem normalen Trinken ein krankhaftes Trinken werden kann, indem der Alkohol einen Menschen mehr und mehr beherrscht und nicht er den Alkohol. Das ist nicht die Schuld des Kranken – es ist sein persönliches Schicksal! Und es ist nicht das Verdienst anderer, wenn sie ihr Trinken lebenslang im Griff behalten, sondern ihr Glück! Die Alkoholkrankheit entwickelt sich ohne eigenes Wollen, und nur mit dem guten Willen kann sie nicht aufgehalten werden.

Was ist nun unser Anliegen? Wir wollen möglichst vielen Menschen Kenntnisse vermitteln, um ihnen das Verständnis für die Krankheit zu erleichtern und Hilfen zur Bewältigung zu geben.

Wen wollen wir ansprechen? Natürlich wenden wir

uns auch an die, deren Trinken bereits problematisch geworden ist, weil es gelegentlich entgleist oder weil es krankhaft werden könnte bzw. geworden ist. Wir wollen auch die erreichen, die statt Alkohol bestimmte beruhigende, angst- und spannungslösende Medikamente benutzen oder benutzten, ohne die drohende oder eingetretene Gefahr zu erkennen. Es sind die nicht ausgeschlossen, deren Bemühungen, aus ihrer Lage herauszukommen, bisher gescheitert sind. Wir sind uns bewußt, daß gerade sie die Möglichkeit, abhängig zu sein, von sich weisen, weil sie noch immer auf einen leichteren Ausweg hoffen. Allen möchten wir helfen, möglichst frühzeitig ihren wirklichen Ausweg und neuen Anfang zu finden. Das gilt auch für die, die schon zur Behandlung gefunden und erkannt haben, daß sie selbst die Verantwortung für ihr weiteres Leben übernehmen müssen.

Wir möchten das Verständnis der Umwelt dieser Kranken wecken und ihre Mithilfe fordern und fördern. Familienangehörige, Freunde, Bekannte, Arbeitskollegen, Leiter und Vorgesetzte werden Wege zum Verständnis und Hinweise für ihr Vorgehen finden. Alle im Gesundheitswesen Tätigen können ihr Wissen über diese Krankheit erweitern, denn jeder stößt in seiner Arbeit auf sie. Dies gilt auch für die Mitarbeiter des Sozialwesens und für alle, die sich mit sozialen Fragen befassen. Für sie bedeutet besseres Wissen besseres Verständnis für bestimmte Bürger und deren Lebensschwierigkeiten. Nicht zuletzt wollen wir den Nichttrinkern oder Nicht-mehr-Trinkern das Leben erleichtern, indem wir ihr Verhalten für alle durchschaubarer und verständlicher machen.

Bei allen Betroffenen und Interessierten wollen wir Problembewußtsein und Sachverständnis wecken,
Vorurteile abbauen,
Achtung vor dem oft seiner Krankheit mit Unkenntnis gegenüberstehenden und hilflosen Kranken wahren helfen,
zum Handeln und Durchhalten ermutigen,

10

auf Auswege hinweisen, die eine verständnisvolle Zusammenarbeit erfordern,
medizinische und psychologische Hilfen erläutern und einige methodische Anleitungen vermitteln.

Wenn es uns gelingt, Kenntnisse über die krankhaften Abhängigkeiten zu vermitteln und die Möglichkeit zu verdeutlichen, daß der bedingungslose, vollständige Mittelverzicht, die Abstinenz, erfolgreich und dauerhaft verwirklicht werden kann, ist unser wesentliches Ziel erreicht.

Es ist uns Verfassern ein Bedürfnis, für die vielen Anregungen, die wir in Gesprächen mit Patienten, Kollegen und anderen Interessenten und bei der Durchsicht unserer nationalen und der uns zugänglichen internationalen Literatur gewinnen konnten, allen zu danken, die wir weder namentlich noch in einem Literaturverzeichnis aufführen konnten, da das den Rahmen unserer Broschüre gesprengt hätte.

Dank sagen möchten wir auch den Mitarbeitern von Verlag, Druckerei und Buchbinderei, die immer bemüht waren, Kompromisse zwischen unseren Wünschen und ihren Möglichkeiten zu finden. Die in den Band aufgenommenen Plakate und Karikaturen wurden von Verlag und Herausgebern ausgewählt.

Erik Winter
Ilona Stoiber
Hasso Engel

Alkohol –
kann er wirklich
ein Risiko für uns sein?

Ein vielfältiger Gebrauch alkoholischer Getränke zu den unterschiedlichsten Anlässen begleitet die Menschheit durch ihre Geschichte. In der Gegenwart haben moderne, hochproduktive Verfahren der Bierherstellung alte brautechnische Möglichkeiten weitgehend ersetzt. Das ist eine Voraussetzung für den ständigen Anstieg des Bierverbrauchs. Die europäischen Länder liegen darin weit vorn. Mit fast 147 Litern pro Kopf und Jahr erreichte die DDR 1983 im Weltverbrauch nach der BRD und der ČSSR den dritten Platz. Weinanbau wird in der DDR nicht im großen Umfang betrieben, obwohl in den letzten Jahren die Anbaufläche ständig vergrößert worden ist. Fast aller Wein wird importiert. Zwar steigt hierzulande der Weinverbrauch von Jahr zu Jahr, aber wir haben keinen der vorderen Plätze im Weltmaßstab erreicht und werden diese wohl auch nicht erreichen. Wiederum weitgehend auf einheimische Rohstoffe – wie beim Bier – greift die Spirituosenproduktion zurück. Unter den vier europäischen Ländern, deren jährlicher Prokopfverbrauch an Spirituosen über vier Litern (als 100%iger Alkohol berechnet) liegt, befindet sich die DDR. Sie nahm 1983 im internationalen Vergleich den zweiten Platz ein. Vergleicht man jedoch den Prokopfverbrauch an 100%igem Alkohol unabhängig von der Art, wie er verbraucht wird, so liegen auf den vorderen Plätzen fast ausschließlich weinproduzierende Länder. Die DDR lag 1983 mit knapp 10,5 Litern auf dem zehnten Platz. (Übersicht s. S. 13)

Daß in rund 30 Jahren in der DDR eine sehr erhebliche Steigerung des Verbrauchs eintrat, liegt mit daran, daß

Übersicht 1:

Alkoholverbrauch in verschiedenen Ländern (Verbrauch pro Kopf der Bevölkerung in Litern; 1981)

Bier		Wein/Sekt	
BRD	147	Frankreich	90
DDR	141	Portugal	77
ČSSR	140	Italien	74
Australien	134	Argentinien	73
Belgien	124	Spanien	60
Luxemburg	123	Schweiz	48
Dänemark	122	Griechenland	45
Neuseeland	122	Chile	44
Irland	116	Luxemburg	40
England	112	Österreich	35
Österreich	105	Ungarn	35
USA	93	Rumänien	29

Spirituosen		als 100% Alkohol	
Luxemburg	24,5	Luxemburg	18,0
DDR	12,5	Frankreich	13,7
Ungarn	11,5	Spanien	13,0
Polen	11,0	BRD	12,4
ČSSR	9,0	Portugal	11,9
Kanada	9,0	Ungarn	11,6
UdSSR	8,5	Schweiz	11,0
USA	8,0	Österreich	11,0
Peru	8,0	Italien	10,9
Spanien	8,0	Belgien	10,5
BRD	7,5	Argentinien	10,5
Finnland	7,5	DDR	10,3

(ausgewiesene Mengen)

unsere Ausgangssituation sehr ungünstig war. In vielen Ländern begann nach dem zweiten Weltkrieg die Verbrauchssteigerung auf höherem Ausgangsniveau. (Übersicht s. S. 14)

Unterschiedliche Trinkweisen in verschiedenen Ländern werden dadurch charakterisiert, daß Länder mit vorherrschendem Bier-, Wein- oder Spirituosenverbrauch voneinander unterschieden werden. Trotz unseres hohen Bierverbrauchs ist die DDR ein Spirituosen-

Übersicht 2:
Durchschnittlicher jährlicher Prokopfverbrauch an alkoholischen Getränken in der Deutschen Demokratischen Republik (in Litern, nach dem Statistischen Taschenbuch der DDR)

Zeitraum	Bier	Wein/Sekt	Spirituosen	100% Alkohol
1950/1954	35,2	0,8	3,2	2,2
1955/1959	73,6	1,9	3,9	3,9
1960/1964	78,8	3,7	4,2	4,4
1965/1969	85,0	4,6	5,5	5,3
1970/1974	106,4	5,6	7,0	6,8
1975/1979	127,2	8,4	9,8	8,6
1980/1984	143,1	10,2	13,3	10,3

land, da der höchste Alkoholanteil nicht als Bier, sondern in Form von Spirituosen getrunken wird.

Der Prokopfverbrauch sagt nichts über das wirkliche Ausmaß des Trinkens aus. Die Mehrheit unserer Bevölkerung trinkt weniger, zum Teil sogar weitaus weniger, als es der Prokopfverbrauch vermuten läßt. Etwa 90 % der Bevölkerung verbrauchen nur die Hälfte aller alkoholischen Getränke. Das bedeutet, daß eine Minderheit von etwa 10 % weit oberhalb des Prokopfverbrauchs liegt und also die andere Hälfte der alkoholischen Getränke verzehrt. Dadurch wird deutlich, daß sich Alkoholprobleme auf eine verhältnismäßig kleine Bevölkerungsgruppe konzentrieren. Diese „Alkoholgefährdeten", zu denen im wesentlichen „Alkoholmißbraucher" und „Alkoholabhängige" gehören, stehen dem Großteil der unauffällig trinkenden Bevölkerung, den „Alkoholkonsumenten", gegenüber.

Nach den in einer Gesellschaft vorherrschenden Einstellungen zum Trinken lassen sich verschiedene Trinkkulturen unterscheiden: Abstinenzkulturen verbieten jeglichen Alkoholgebrauch oder lehnen ihn ab, Ambivalenzkulturen sind durch unterschiedliche, widerstreitende Wertvorstellungen über den Alkoholgebrauch gekennzeichnet, Permissivkulturen erlauben den Alkoholgebrauch („Alkoholgenuß"), lehnen aber den übermäßigen Gebrauch („Alkoholmißbrauch"), etwa Trunkenheit und auffällige Folgen des Trinkens, ab, und permissiv-funktionsgestörte Kulturen billigen sowohl den Alkoholgebrauch als auch Trinkexzesse mit ihren Folgen.

Eine andere Einteilung bezieht sich auf das Trinkverhalten einzelner Menschen. Hiernach werden *rituelles Trinken, konviviales Trinken* und *utilitaristisches Trinken* unterschieden. Beim rituellen Trinken ist der Alkoholgebrauch auf bestimmte Anlässe beschränkt und in „Zeremonielle" eingebettet; hierbei finden sich auffällig wenige „Alkoholiker". Konviviales Trinken ist ein Trinken zu bestimmten, regelmäßigen Anlässen, etwa zu Mahlzeiten, beim Fernsehen. Auch hierbei ist der Anteil an „Alkoholikern" ziemlich niedrig, obwohl es sich um ein regelmäßiges und gewohnheitsmäßiges, aber eben meist mäßiges Trinken handelt. Beim utilitaristischen Trinken wird Alkohol zu bestimmten Zwecken getrunken: Er dient etwa der Spannungslösung, der Angstminderung, wird zum Sorgenbrecher, zur „Lebenshilfe". Dabei wird der Rausch oft gewollt. Die Zahl der „Alkoholiker" ist hierbei ziemlich hoch.

Weil sich das Trinken nicht nur von Land zu Land, sondern sogar innerhalb eines Landes von Region zu Region unterscheidet, weil bestimmte Bevölkerungsgruppen, etwa Berufsgruppen, sich in ihrem Trinkverhalten unterscheiden, sind eindeutige Zuordnungen mitunter sehr schwierig. Doch für einen Alkoholabhängigen ist es nur von geringer Bedeutung, welche gesellschaftlichen Trinkweisen seine aktuellen Beschwerden gebahnt und geformt haben. Hier sei deutlich gesagt: Die Trinkmenge, sei es beim einmaligen Trinken, sei es über einen bestimmten Zeitraum, gestattet allein keine Aussage, ob ein Trinken noch normal, abweichend oder schon krankhaft ist. Zwischen dem „normalen Alkoholgebrauch", dem abweichenden „Alkoholmißbrauch" und der „Alkoholabhängigkeit" gibt es keine eindeutige mengenmäßige Grenze. Die Überlegung, daß andere mehr tränken als man selber, kann den ärztlichen Hinweis auf eine Alkoholgefährdung, einen Alkoholmißbrauch oder eine Alkoholabhängigkeit nicht entkräften. Alkoholabhängige müssen nicht mehr oder häufiger trinken als Nichtabhängige! Nicht so sehr die Eignung des Alkohols, Durst zu stillen oder Geselligkeit zu fördern, macht ihn für manchen gefährlich, es ist vielmehr eine „Nebenwirkung": Alkohol macht Ärger zunächst erträglicher, mindert psychische Spannungen, unterdrückt Ängste, läßt Konflikte besser ertragen. Diese Nebenwirkung kann dann zur Hoffnung für einen Menschen werden, wenn sie ihm Lebensbewältigung und -gestaltung zu erleichtern verspricht.

Die Beziehungen, die sich um Alkohol und die ihm wirkungsähnlichen Mittel ranken, sind Teil eines größeren Geschehens, das wir nur annäherungsweise darstellen können: des Drogenmißbrauchs und der Drogenabhängigkeit. Alkohol ist nicht nur ein Genußmittel. Auch Schlaf-, Beruhigungs-, Entspannungs- und Schmerzmittel sind nicht nur Medikamente mit bestimmten Wirkungen. Durch falschen Gebrauch kommt es zu einem Bedeutungswandel, sie nehmen langsam für den Betroffenen eine andere Funktion an. Sie werden zu *Drogen.* Darunter versteht man Stoffe, die das Erleben und Verhalten beeinflussen, weil von ihnen spezielle, am Zentralnervensystem angreifende Wirkungen ausgehen und die dadurch höhere geistige Prozesse, aber auch Stimmung, Wahrnehmung, Leistungsvermögen, die gesamte Persönlichkeit vorübergehend oder dauerhaft verändern. Der Betroffene empfindet und erlebt den hervorgerufenen Zustand im Sinne des Wohlbefindens, oder das Mißempfinden verringert sich.

Es gibt verschiedene Typen der Drogenabhängigkeit; sie unterscheiden sich entsprechend der Wirkungen der Droge auf den Menschen erheblich voneinander. Der uns hier interessierende Typ wird von der Weltgesundheitsorganisation als *Drogenabhängigkeit vom Alkohol-Schlafmittel-Typ* bezeichnet. Sie ist mit Abstand die häufigste Abhängigkeit. Mit einem Wort: Auch für uns ist Alkohol die Droge Nummer eins.

Jetzt verwundert unsere Feststellung, daß Alkohol und wirkungsähnliche Mittel ein Risiko darstellen kön-

Übersicht 3:
Probleme aus Mißbrauch und Abhängigkeit für den Betroffenen

als Folgen einmaligen oder seltenen Geschehens:

Kurzzeitige Beeinträchtigungen des Handelns und der Selbstkontrolle

Aggressivität in Wort und Tat

Erhöhtes Unfallrisiko

Kurzzeitige Beeinträchtigungen der Arbeitsfähigkeit

Beeinflussung durch äußere Einwirkungen, z.B. klimatische Bedingungen (wie Unterkühlung)

Körperliche Beeinträchtigungen als akute Vergiftungserscheinungen

Soziale Nachteile als Folgen des Rausches (etwa Ordnungsstrafen, Disziplinarmaßnahmen, Verurteilungen)

als Folgen häufigen oder anhaltenden Geschehens:

Auftreten mittelbedingter und Verschlimmerung anderer körperlicher Erkrankungen

Mangelernährung

Verlängerte Beeinträchtigungen des Handelns und der Selbstkontrolle

Wesentliche Erhöhung des Unfallrisikos

Erhebliche Beeinträchtigung der Arbeitsfähigkeit

Häufige oder erhebliche soziale Nachteile als Folgen der Räusche

Krankhafte Bindungen an das jeweilige Mittel (Syndrom der Alkohol- bzw. Medikamentenabhängigkeit)

Persönlichkeitsschäden und Geisteskrankheiten durch das Mittel

Mögliche Begleiterscheinungen:

Verlust von Freunden, Familie, Gesundheit, Selbstachtung, Beruf, Mitteln zum Lebensunterhalt, Freiheit und Leben.

nen, nicht mehr so sehr. Neben einem „richtigen", „bestimmungsgemäßen" Gebrauch einer Sache ist auch ihr „falscher" Gebrauch, ihr „Mißbrauch" möglich. Neben bestimmten Gepflogenheiten, neben üblichen Bräuchen gibt es auch falsche, die den Charakter des Mißbrauchs

Übersicht 4:
Probleme aus Mißbrauch und Abhängigkeit für die Familie des Betroffenen

Ehestreitigkeiten

Familienzerrüttung

Ehescheidung

Mißhandlungen des Ehepartners und/oder der Kinder

Psychische Fehlentwicklungen des Ehepartners und/oder der Kinder

Erziehungsschwierigkeiten und Entwicklungsprobleme der Kinder

Schul- und Ausbildungsprobleme der Kinder

Verleitung des Partners und/oder der Kinder zu Alkohol- bzw. Medikamentenmißbrauch (spezielle Probleme des Frauen- und Jugendalkoholismus)

Jugendkriminalität als Ausdruck der Familienzerrüttung oder Jugendalkoholismus als Ausdruck negativer Vorbildwirkung und ungenügender Wahrnehmung des Erziehungsauftrages des Elternhauses

Vernachlässigung von Erziehungs- und Unterhaltsverpflichtungen

Schädigungen der Leibesfrucht infolge Trinkens der Mutter während der Schwangerschaft

tragen. Das Risiko stellt sich vor allem als Gefahr für die Gesundheit dar. Mittelmißbrauch und -abhängigkeit führen zu anhaltenden und schwerwiegenden gesundheitlichen Beeinträchtigungen, die durch plötzliche lebensbedrohliche Zustände kompliziert werden können, wie schwere Vergiftungs- oder Entzugserscheinungen; sie können trotz ärztlicher Bemühungen tödlich verlaufen. Selbstverständlich können Begleit- und Folgekrankheiten zu Invalidisierung, Siechtum und frühem Tod führen. Weitaus überstürzter als beim Alkohol verläuft in der Regel eine solche Entwicklung, wenn Arzneimittel im Spiel sind. Neben diese direkten Folgen treten viele andere: Familienleben, Beruf, Stellung in der Öffentlichkeit und Gesellschaft werden vielfältig beeinträchtigt, wie die Übersicht (s. S. 17) verdeutlicht. Darüber hinaus werden

Übersicht 5:
Probleme von Mißbrauch und Abhängigkeit für die Gesellschaft

Beeinträchtigung der öffentlichen Ordnung und Sicherheit durch Rauschzustände

Beeinträchtigungen des Arbeitsprozesses durch Rauschzustände

Erhöhung des Fremdrisikos durch rauschbedingte Unfälle (im Arbeitsprozeß, im Verkehrsgeschehen u.a.)

Beeinträchtigungen der Freiheit und der Würde des Menschen

Auswirkungen auf Leben und Gesundheit anderer Menschen

Vergehen gegen fremdes gesellschaftliches und persönliches Eigentum

Angriffe gegen die allgemeine Sicherheit und die staatliche Ordnung

Beeinträchtigung staatlicher (administrativer) Maßnahmen

Gefahren aus dissozialen und asozialen Verhaltensweisen im kriminellen Vorfeld

Inanspruchnahme von Leistungen und Kosten sozialer Dienste infolge von Räuschen und ihren Folgen (Gesundheitswesen, Sozialwesen, Sozialversicherung, Rechtspflege u. a.) für den Betroffenen, seine Familie und andere Mitbetroffene

Volkswirtschaftliche Schäden als Folge von Arbeitsbummelei, Fluktuation, beruflichem Abstieg u.a.

Überdurchschnittlich häufige und lange Arbeitsunfähigkeiten durch Räusche und alkohol- und medikamentenbedingte Begleit- und Folgeerkrankungen einschließlich Frühinvalidität

Frühsterblichkeit (d. h. Verkürzung der mittleren Lebensdauer)

andere Menschen mit betroffen, die keineswegs bereit sein müssen, alles mit unendlicher Geduld bis zum bitteren Ende zu ertragen. Diese Probleme sollen zwei Übersichten (s. S. 18/19) verdeutlichen. Es ist eine Entwicklung in eine gesellschaftliche Isolierung, eine Vereinsamung, in der das Mittel zum Tröster wird, vielleicht zum einzigen, der noch geblieben ist. Schon allein die Tatsache, daß im Familienkreis mindestens drei bis vier Mitbetroffene unter dem Geschehen mit leiden, vergrößert die gesellschaftlichen Auswirkungen von Mißbrauch und Abhängigkeit bedeutend. Die ständige psychische Belastung der Angehörigen führt dazu, daß sie selbst an ihrer Gesundheit Schaden nehmen und dann ebenfalls Behandlung benötigen: Funktionelle Störungen, psychosomatische Krankheiten, Verhaltens- und Entwicklungsstörungen der Kinder finden in ihrer bedrückenden, ungelösten und unlösbar erscheinenden Situation eine Ursache.

Bei einer solchen Betrachtung wird verständlich, daß wir dem so „angenehmen" Alkohol, manchen so „nützlichen" Arznei- und Gesundheitspflegemitteln eine andere Bedeutung beimessen – die von Risikofaktoren.

Je eher und besser die möglichen Gefahren erkannt werden, desto wirkungsvoller können sie in enger Zusammenarbeit überwunden, können Scheinlösungen vermieden werden. Ein erkanntes Risiko kann klein gehalten, wieder verringert und sogar völlig beseitigt werden!

Einige Wurzeln
von Mißbrauch und Abhängigkeit

Die Abhängigkeitskrankheiten sind als sozio-psycho-somatische Krankheiten bezeichnet worden. Damit sollte verdeutlicht werden, daß die Krankheiten soziale, psychische und körperliche Bereiche betreffen. Ähnliches besagt die Auffassung, daß sie bio-psycho-soziale Krankheiten sind: Biologische, psychische und soziale Ursachen wirken gemeinsam an ihrer Entstehung mit, und die Krankheitsfolgen finden sich sowohl in biologischen (körperlichen) als auch in psychischen und sozialen Bereichen. Vielfältig sind soziale Bedingungen bei diesem Geschehen. Mißbrauch und Abhängigkeit haben in individuellen Entwicklungsprozessen, den Auseinandersetzungen der Persönlichkeit mit ihrer gesellschaftlichen Umwelt eine Wurzel. Gleichzeitig muß das jeweilige Mittel beschafft werden und zur Wirkung kommen, so daß Persönlichkeit, Umwelt („Gesellschaft"), Mittel und Anlaß zu seiner Benutzung vier Eckpunkte eines Bedingungsgefüges oder Ursachenbündels sind. Gebrauch, Mißbrauch, Abhängigkeit sind mögliche Folgen in dem wechselseitigen Zusammenwirken vieler Teilfaktoren. Vereinfacht stellt das die Übersicht (s. S. 22) dar.

Die gesellschaftlichen Verhältnisse in der DDR ermöglichen jedem Bürger die Entfaltung seiner Persönlichkeit. Dennoch bestehen traditionelle und aktuelle Hintergründe oder Grundlagen auch für den nichtgebilligten Mittelmißbrauch. Er beeinträchtigt die Persönlichkeitsentfaltung. Ihn und seine Hintergründe zu beeinflussen, ja zu beseitigen ist eine Aufgabe, die noch zu lösen ist. Unbestritten sind die gesellschaftlichen Schäden des Alkoholmißbrauchs. Welche gesellschaftlichen Einstellungen und Haltungen können einen Mißbrauch fördern? Wir erwähnen einige, ohne sie zu erörtern:

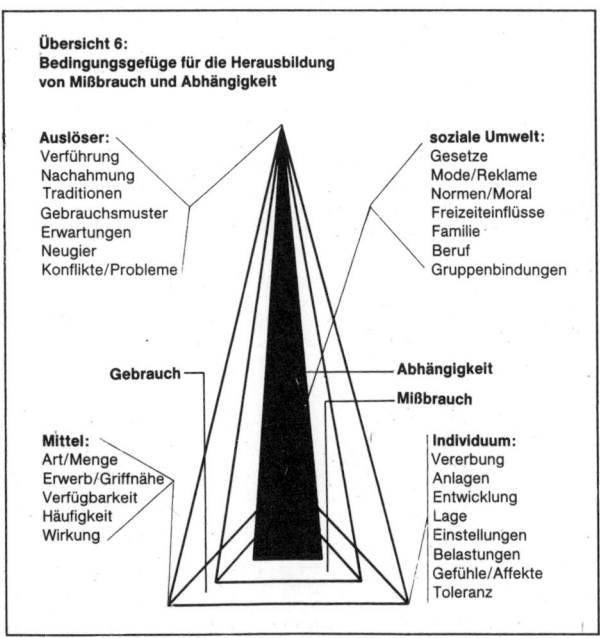

Übersicht 6:
Bedingungsgefüge für die Herausbildung
von Mißbrauch und Abhängigkeit

Auslöser:
Verführung
Nachahmung
Traditionen
Gebrauchsmuster
Erwartungen
Neugier
Konflikte/Probleme

soziale Umwelt:
Gesetze
Mode/Reklame
Normen/Moral
Freizeiteinflüsse
Familie
Beruf
Gruppenbindungen

Gebrauch

Abhängigkeit

Mißbrauch

Mittel:
Art/Menge
Erwerb/Griffnähe
Verfügbarkeit
Häufigkeit
Wirkung

Individuum:
Vererbung
Anlagen
Entwicklung
Lage
Einstellungen
Belastungen
Gefühle/Affekte
Toleranz

Die Umwelt bagatellisiert das Trinken, den Mißbrauch eingeschlossen, erheblich. Menschen, die von negativen Folgen des Trinkens ihrer Angehörigen oder Kollegen betroffen sind, lehnen zwar manchmal das Trinken, doch meist nur den Trinker ab. Es ist beim Alkoholiker umgekehrt als z. B. beim Raucher: Der Mißbrauch wird toleriert und der Trinker, der ihn nicht vermeiden kann, wird abgelehnt. (Rauchen wird seltener toleriert, das Ansehen des Rauchers bleibt meistens ungeschmälert.) Zusammenhänge zwischen Alkohol und Trinkfolgen werden deshalb lange verheimlicht oder ignoriert. Nicht trinken zu können gilt als Schwäche.

Negative Folgen treten beim Trinken nicht regelmäßig ein, noch unregelmäßiger werden sie „bestraft". Gute, glückliche Ausgänge bekräftigen und fördern das Trinken. Die selteneren negativen Ausgänge verstärken das

Bestreben, wieder die positiven zu schaffen. Angst und Hoffnung konzentrieren sich vorwiegend auf das Vermeiden unerwünschter Folgen. Deutlich wird das am Beispiel eines fehlentwickelten Jugendlichen: Die Richterin verdeutlichte ihm eindringlich den Zusammenhang zwischen seinem Alkoholmißbrauch und mehreren strafbaren Handlungen. Der Angeklagte antwortete naiv: „Aber Frau Richterin, ich habe doch nicht jedesmal eine Straftat begangen, wenn ich getrunken hatte." Aus seiner Sicht hatte auch er recht!

Dem Alkohol werden im allgemeinen anregende Wirkungen im sozialen und Leistungsbereich zugeschrieben. Warnungen vor Gefahren verniedlichen einerseits oder übertreiben andererseits. So wird mancher Jugendliche mit erhobenem Zeigefinger, der vor dem Trinken warnen soll, gleichzeitig zum Mittrinken animiert. Bemerken das die Erzieher zum Beispiel bei Jugendweihefeiern?

„Verhaltensnormen der Geselligkeit" führen eher zum Mittrinken, als daß sie Trinkstile regeln. Historische Bräuche sind teilweise überholt und neue lassen zu breite Spielräume. So war die Glasgröße einst auch im Privatbereich eine wichtige Schank- und Orientierungshilfe. Das Anstoßen und Zuprosten legte Zeitpunkt und Zeitfolge beim Trinken fest. Regeln beim geselligen Trinken unterstützten die Selbstkontrolle. Daß nach den heutigen Trinksitten jeder tun kann, was er will, setzt eigentlich voraus, daß jeder weiß, was er will, und nur tut, was er kann. Weiß und tut das jeder?

Unerwünschte Folgen stimmen nicht unbedingt nachdenklich. Manch älterer, gefestigterer Mensch registriert aufmerksam Folgen seines Mißbrauchs und seiner Abhängigkeit, etwa Unzuverlässigkeit, Versäumnisse, Peinlichkeiten, Störungen, die ganz entgegengesetzt zu seinen nüchternen Verhaltensweisen sind, geht in sich, versucht sie zu vermeiden. Aber manch Jüngerer paßt einfach seine Einstellungen seinen veränderten Verhaltensweisen an, glaubt, damit „im Recht" zu sein. Schließlich stehe es ihm frei, mit seiner Gesundheit zu tun, was er will. Die Umwelt fördert mit Ansichten, „so sei eben die Jugend", die Fehlentwicklung, die dann unaufhaltsam ihren Lauf nimmt.

Gesellschaftliche Einstellungen und Haltungen sind Orientierungshilfen, geben dem einzelnen Halt. Was geschieht, wenn traditionelle Sitten und Normen ihren Wert verlieren und nicht so schnell bessere an ihre Stelle treten, wenn Ge- und Verbote nicht ernst genommen werden? Insbesondere Haltbedürftige, sich allein hilflos Fühlende, deren Erwartungen in keinerlei Verhältnis zu ihren Möglichkeiten und Aktivitäten stehen, greifen nach Mitteln, die sich anbieten, die bequem zu erreichen sind, die sie „gut" finden, denn von ihnen erwarten sie eine Lebenshilfe.

Individuelle Bedingungen wirken ursächlich mit. Dabei sind psychische Bedingungen wesentlich für die Entstehung von Mißbrauch und Abhängigkeit. Von der Entwicklung besonderer Fähigkeiten hängt es ab, wie jeder mit seinen Empfindungen und Erlebnissen, auch mit den negativen, fertig werden und wie er seiner Umwelt begegnen, mit ihr umgehen kann. Eine Fehlentwicklung als ungenügende Vorbereitung auf die realen Gegebenheiten beginnt meist vor der Ausbildung von Mißbrauch und Abhängigkeit. Doch nicht jedes Verhaltensdefizit, jede Überempfindlichkeit oder jede Überforderung muß zwingend zu Mißbrauch und Abhängigkeit führen! Nur der eine oder andere resigniert, fühlt sich enttäuscht, verliert sich in seinen Gefühlen, setzt sich mit seiner Umwelt nicht auseinander, flüchtet in seine Wünsche und Träume und vermindert seine Aktivitäten. Er stellt desto verbissener Forderungen an andere, je weniger Erfüllung er in seinen eigenen Bemühungen findet. Er gestaltet nicht, sondern läßt sich treiben. Er beschäftigt sich nicht mit seinen wesentlichen Problemen, sondern verliert sich in Folge- und Randerscheinungen. Nur solange er noch versucht hat, seine Probleme zu erkennen und zu lösen, oder solange ihre „Verdrängung" gelang, konnte er die psychische Abhängigkeit von einem Mittel

Übersicht 7:
Mißbrauch und Abhängigkeit von Alkohol oder Arzneimitteln werden begünstigt durch

1. die Unfähigkeit, die Lebenswirklichkeit so anzunehmen, wie sie ist	und die Verdrängung ihrer Wahrnehmung durch den Rausch
2. die Unfähigkeit, sich als Teil des gesellschaftlichen Ganzen zu fühlen	und das Gefühl wachsender Isolierung und Vereinsamung
3. die Unfähigkeit, die gesellschaftliche Umwelt anzuerkennen	und eine bis zum Selbsthaß gesteigerte Auflehnung gegen sie
4. die Unfähigkeit, den sozialen Leistungsanforderungen nachzukommen	und das Verlangen, den Forderungen nachzukommen, steigende Erwartungen zu erfüllen
5. die Unfähigkeit, seelische Belastungen zu ertragen	und das Bemühen, diese durch den Rausch erträglicher zu machen
6. die Unfähigkeit, Stimmungsschwankungen hinzunehmen	und das Bedürfnis, die Stimmung auf bequeme Weise zu beeinflussen bzw. zu nivellieren
7. die Unfähigkeit, Erlebnisse vertieft aufzunehmen	und das Verlangen nach Erlebnisgewinn ohne eigene Anstrengungen
8. die Unfähigkeit, spontan Freude und Genuß zu erleben	und der Wunsch, ein überhöhtes Genußbedürfnis auf leichte Art zu befriedigen
9. die Unfähigkeit, tragende zwischenmenschliche Beziehungen aufzubauen und zu erhalten	und das Bedürfnis nach menschlicher Nähe und Geborgenheit
10. die Unfähigkeit, das eigene Leben zu meistern, Angst vor der Zukunft, Gefühl der Ausweglosigkeit,	so daß die Flucht in das Mittel als Ausweg vor dem Selbstmord erscheint

noch vermeiden. Wenn er nicht oder nicht mehr zu solchen Bewältigungsversuchen fähig ist, wenn er sie aufgibt, weil Kraft, Mut und Hoffnung nachlassen, dann entwickelt sich die psychische Abhängigkeit um so rascher.

Von „seinem" Mittel erwartet er jedwedes entbehrte oder wünschenswerte positive Gefühl sowie das Schwinden negativer, hemmender Gefühle. Dazu kommt sein Bedürfnis nach uneingeschränkter Steigerung oder nach Erhaltung eines durch das Mittel erreichten Zustandes durch weitere Mittelzufuhr: „Sein" Alkohol oder „sein Stoff" gilt ihm als „Universalmittel" der Bedürfnisbefriedigung.

Gibt es eine „Suchtpersönlichkeit" oder wenigstens Persönlichkeitseigenschaften, die die Neigung oder Gefährdung in bezug auf die Abhängigkeit einschließen? Abhängige haben unterschiedlichste Persönlichkeitseigenschaften, sind nicht etwa vordergründig willensschwach oder haltlos; häufig sind sie auch willensstark und „Arbeitstiere". Selbstunsichere, Gehemmte können abhängig werden, doch besteht kein ursächlicher Zusammenhang zwischen diesen Persönlichkeitsmerkmalen und der Abhängigkeitsentwicklung. Es ist deshalb müßig, nach *der* Suchtpersönlichkeit zu suchen. Ferner verändert sich die Persönlichkeit sowohl während der Abhängigkeit als auch während der danach notwendigen Abstinenz ständig.

Dennoch müssen die individuellen psychischen Hintergründe jedes einzelnen Abhängigen geklärt werden, die wesentlichen inneren und äußeren Bedingungen in seiner Entwicklung und im aktuellen Verhalten, weil sich daraus Ansätze für Einstellungs- und Verhaltensänderungen ergeben. So scheint es z. B. für Behandlung und Abstinenz wichtig zu sein, ab welchem Alter etwa eine Entwicklung gestört wird. Hatten schon zuvor soziale Erfahrungen die Lebensreife gefördert, bevor Störungen zu Mißbrauch und Abhängigkeit führten, dann treten die Erfolge einer Behandlung leichter oder schneller ein.

In der Übersicht (s. S. 25) sind weitere individuelle Bedingungen dargestellt, die den Verlauf von Mißbrauch und Abhängigkeit beeinflussen.

Seit langem sucht man nach biologischen Ursachen oder Wurzeln für die Abhängigkeit. Oft wird gefragt, ob eine Vererbung möglich ist. Darauf ist eine endgültige

Antwort noch nicht zu geben. Es scheint, daß die Vererbung eine gewisse Rolle spielt.

Die Alkoholabhängigkeit zeigt eine deutliche familiäre Häufung: Etwa 20 bis 50 % der männlichen Verwandten (Vater, Brüder und Söhne) eines Alkoholabhängigen und etwa 2 bis 8 % seiner weiblichen Verwandten sind ebenfalls abhängig. Das muß allerdings nicht Ausdruck einer Vererbung sein, denn auch durch Milieueinflüsse können ähnliche Erscheinungen in den Familien erklärt werden. Adoptions- und Zwillingsuntersuchungen an zwei- und eineiigen Zwillingen sollten hier weiterhelfen. Sie brachten ähnlich interpretierbare Ergebnisse: Nur bei 33 bis 55 % der einbezogenen eineiigen Zwillinge waren beide abhängig, obwohl diese doch völlig gleiches Erbgut besitzen und Übereinstimmung in allen Fällen erwartet werden könnte. Worin der Einfluß der Erbfaktoren besteht, ist noch unklar. Schon der Appetit auf Alkohol weist erhebliche Unterschiede auf. So sind Tierstämme gezüchtet worden, die bei freier Wahlmöglichkeit Alkohollösungen ausnahmslos reinem Wasser vorziehen; Zuckerwasser verringert wieder ihre Vorliebe für Alkohol. Dieses Verhalten könnte auf Unterschiede in der Enzymsteuerung ihres Stoffwechsels beruhen. Von Asiaten, etwa den Japanern, ist eine schlechtere Alkoholverträglichkeit bekannt. Auch das wird auf erbliche Besonderheiten des enzymgesteuerten Alkoholabbaus zurückgeführt. Beziehungen zwischen bestimmten Farbwahrnehmungsstörungen ("Farbenblindheit") und Alkoholismus beim Menschen sprechen auch für erbbedingte Zusammenhänge.

Mit Sicherheit kann gesagt werden, daß es ein „Gen der Alkoholabhängigkeit" nicht gibt. Erbeinflüsse können als Teilfaktoren bei der Ausformung einer Alkoholabhängigkeit mitwirken.

Biochemische Ansätze suchen nach bestimmten Stoffwechselbesonderheiten beim Alkoholabhängigen, die sich bei Nichtabhängigen nicht finden lassen. So könnte der Ethanolabbau bei ersteren durch andere als die üblichen Enzyme gesteuert werden oder andere als die üblichen Abbauwege einschlagen. (In diesem Abschnitt wird für Alkohol sein chemischer Name „Ethanol" und für sein Abbauprodukt Azetaldehyd der Name „Ethanal" benutzt.) Das könnte auf verschiedenen Stufen des Ethanolabbaus geschehen. Das Enzym Alkoholdehydrogenase (ADH) baut hauptsächlich Ethanol im Organismus ab. Von ihm gibt es mehrere Formen (Isoenzyme), die sich voneinander u. a. in der Abbaugeschwindigkeit unterscheiden. Verschiedene mengenmäßige Anteile könnten bewirken, daß der Ethanolabbau bei Alkoholabhängigen anders verläuft als bei Gesunden; vielleicht werden verstärkt pathologische Zwischenprodukte gebildet. Ferner ist der Ethanolabbau durch die ADH-Menge begrenzt. Bei einem Überangebot an Ethanol müssen zusätzliche Abbauwege eingeschlagen werden, sie verlaufen über das mikrosomale ethanol-oxidierende System (MEOS) und die Katalase. Es ist möglich, daß diese einmal gebahnten Wege ständig weiterbenutzt werden. Dadurch könnte das Zwischenprodukt Ethanal verstärkt anfallen. Dessen Abbau erfolgt durch ein anderes Enzym, Aldehyddehydrogenase (ALDH), dessen Menge die Abbaugeschwindigkeit von Ethanal bestimmt. Reicht sie nicht, kann sich Ethanal anhäufen und weitere Alkoholaufnahme auslösen. (Schon eine einmalige Einführung von Ethanal in die Hirnkammern von Tieren kann dazu führen, daß sie auf das bislang bevorzugte Trinkwasser zugunsten alkoholhaltiger Lösungen verzichten.) Weitere Untersuchungen lassen vermuten, daß sich Ethanol und Ethanal mit körpereigenen Substanzen (biogenen Aminen) vereinigen, wobei einfache opiatähnliche Verbindungen entstehen. Vielleicht ist ihre Bildungsrate beim Alkoholabhängigen höher, so daß bei ihm auch größere Mengen wirksam werden könnten als bei Nichtabhängigen. (Äußerst geringe Mengen von ihnen, einmal in die Hirnkammern von Versuchstieren injiziert, führen zu mitunter einige Monate anhaltender Bevorzugung von Alkohol bei den Tieren.) Diese Substanzen könnten bestimmte Prozesse auslösen, die im Sinne einer „Lust"steigerung oder „Unlust"verhütung so wirken, wie wir das von Drogen kennen. Solche Überlegungen schlagen die Brücke zwischen der Drogenabhängigkeit vom Alkohol-Typ und der vom Opiat-Typ; beide besitzen eine Reihe von Gemeinsamkeiten, die dadurch eine Erklärung finden könnten. Das bedeutet, daß nicht Ethanol selbst oder sein Abbauprodukt Ethanal, sondern von ihnen mit körpereigenen biogenen Aminen gebildete Substanzen (TIQ-Alkaloide) für die Entstehung der Abhängigkeit wichtig sein könnten.

Hier läßt sich wieder eine Beziehung zur Vererbung herstellen, denn es scheint, daß mehrere genetische Typen beim Menschen bestehen, die sich bezüglich der Produktion von Endorphinen (Rezeptoren für opiatähnliche Verbindungen) unterscheiden. Die Endorphinproduktion könnte unterschiedliche Bedürfnisse nach Alkohol regulieren.

Das sind nur einige Hinweise auf sehr interessante neue biochemische Erkenntnisse. Wenn sie sich bestätigen und damit eine biochemische Grundlage für die Alkoholabhängigkeit gefunden wäre, bleibt trotzdem die Grunderkenntnis, daß nur ein Zusammenwirken sehr verschiedener Voraussetzungen eine Alkoholabhängigkeit entstehen läßt.

Eines ist sicher: Es kann ohne Unterschiede jeden Menschen treffen, der mit sich und seiner spezifischen Umwelt nicht zurechtkommt; erfolgreiche wie erfolglose, prominente wie unauffällige, Führungskader wie Hilfskräfte.

Welche Folgeschäden
können eintreten?

Einzelne soziale oder zwischenmenschliche Schäden treten schon in frühen, offenkundige erst in den entwik-kelten, fortgeschrittenen Phasen des Abhängigkeitspro-zesses auf. Zunächst sind die Angehörigen – je näher sie dem Kranken stehen, desto früher – enttäuscht. Sie bemerken als Folgen der Prozesse von Mißbrauch und Abhängigkeit Unzuverlässigkeiten, Unregelmäßigkeiten, Interesselosigkeiten. Sie reagieren darauf mit Vorhaltun-gen. Familien richten sich zunehmend nach dem Zu-stand des Kranken und engen ihren Bewegungsspiel-raum ein. Interessen und zwischenmenschliche Bezie-hungen gehen verloren, Schamgefühle vor der Umwelt bringen auch die Angehörigen in Konflikte und Außen-seiterstellungen. Nach außen hin wird vieles verheim-licht, entschuldigt, doch innerhalb der Familie gibt es Zank, Demütigung, Streit bis zu Tätlichkeiten. Manche Angehörigen resignieren, verbittern, übernehmen die Verantwortung für die Familie allein, suchen auch Schuldanteile bei sich und lassen sich von Versprechun-gen oder Drohungen hinhalten.

Folgen im Betrieb werden von einzelnen Kollegen zwar bemerkt, aber oft nicht angesprochen. Das betrifft Leistungseinbuße, Arbeitsunfähigkeit, Vertrauens-schwund, Fehlverhalten, Unfälle. Insbesondere werden tüchtige und beliebte Kollegen viel zu lange „gedeckt". Die Kranken meiden Gespräche und Auseinanderset-zungen über das Thema Alkohol, schalten „auf Durch-gang" und rechtfertigen sich damit, was sie alles an Gu-tem gemacht und was sie an Schlechtem nicht gemacht hätten. Ihre Versprechungen, weniger oder gar nicht zu trinken, bestimmte Folgen meiden zu wollen, ihr Scheitern dabei, ihr Leugnen machen sie immer unglaubwürdiger.

Eine Frau beobachtete einmal einen Kollegen, der eben versprochen hatte, im Dienst nicht mehr zu trinken, wie er in ihrem Arbeitsraum, hinter einem Fenstervorhang, gleich aus der Flasche trank. Sie stellte ihn zur Rede, und er leugnete heftig, fühlte sich verleumdet. Sie kam verzweifelt mit den Worten „Ich weiß nicht mehr, wer verrückt ist, er oder ich!" zu ihren Kollegen.

Die Umwelt reagiert auf das Verhalten der Abhängigen mit zunehmendem Unwillen und Ablehnung. Sie begreift ihre innere Not und Hilflosigkeit nicht. Sie verachtet sie immer mehr und löst sich von ihnen. Der soziale Abstieg im Verlaufe von Jahren und Jahrzehnten führt zum Verlust von Freunden, Partnern, Kindern, Kollegen, von Halt und Geborgenheit im Kreise anderer, von Ansehen und Zufriedenheit. Abhängige vereinsamen, werden isoliert, flüchten von Arbeitsstelle zu Arbeitsstelle, leiden unter unvermeidlichen Maßnahmen und Ablehnungen, empfinden sie als ungerecht. Lange noch täuschen sie sich mit ihren Erklärungsversuchen, ihren „Storys", an die niemand außer ihnen noch glaubt. Strafbare Handlungen, etwa Diebstahl, dienen letztlich der Beschaffung des „Mittels", nachdem oft schon zuvor der Besitz veräußert worden ist; Genußmittel werden genommen, erbettelt, gestohlen. Mit dem ethischen Verfall geht eine hygienische Verwahrlosung einher.

Abhängige, die sich der Erkenntnis, krank zu sein, verschließen oder die in ihrem Abstinenzbemühen scheitern, empfinden ihre Lage als immer ausweisloser, setzen ihrem Abstieg, ja Absturz nichts mehr entgegen.

Treten Alkohol und ähnliche Mittel an die Stelle der aktiven Bewältigung sozialer Anforderungen, dann kommt es auch zu psychischen oder Persönlichkeitsschäden. Eine Fehlentwicklung der Persönlichkeit wird dadurch fortgesetzt, erweitert und beschleunigt. Veränderungen der Persönlichkeit setzen im Bereich des Erlebens und Verhaltens ein, ohne daß anfangs hirnorganische Strukturen und neurophysiologische Prozesse tiefer gestört werden. Erst im weiteren Verlauf kommt es zu Veränderungen, die als hirnorganisches Psychosyndrom oder als Hirnleistungsschwäche bezeichnet werden. Sie irritieren wiederum zusätzlich die Persönlichkeit, so daß die Störungen im Erleben und Verhalten zunehmen. Anfangs vermindert sich die Fähigkeit, Reize im emotionalen (Gefühls-) und im kognitiven (Erkenntnis-) Bereich aufzunehmen und zu verarbeiten. Emotionale Belastbarkeit und Lernvermögen nehmen ab. Ein Trinker, der mit Alkohol Entspannung, Erleichterung, Selbstbehauptung oder ähnliches anstrebt, reagiert häufig sehr empfindlich, fühlt sich schnell verunsichert, gereizt, nachhaltig verletzt; er gilt anderen als überempfindlich und mißtrauisch. Selbst geselligen und Gewohnheitstrinkern können Offenheit und die Bereitschaft, sich gründlich mit Informationen und Rückmeldungen aus ihrer Umwelt auseinanderzusetzen, fehlen. Antrieb und Fähigkeiten werden zunehmend für die Sicherung des Alkoholvorrats und des ungestörten Weitertrinkens eingesetzt. Fähigkeiten, Erfahrungen, Selbsterkenntnisse zur sozialen Bewährung schwinden. Anders ausgedrückt: Je krankhafter ein Mensch trinkt, desto mehr hört er auf zu lernen; er verlernt sogar Bekanntes, übt und vertieft es nicht weiter. Er büßt soziale selbstkontrollierende und fachliche Fertigkeiten ein. Merkt er es unterschwellig, neigt er häufig dazu, sein Ansehen durch Geltungsstreben, Selbstrechtfertigungen aufzuwerten. Er fühlt sich zwar schuldig, ist verstimmt, vielleicht depressiv, doch leugnet er den eigenen Anteil oft heftig, verhärtet sich gegenüber Vorhaltungen und Strafen. Bemüht, eine Fassade aufrechtzuerhalten, engt sich sein sozialer Entscheidungs- und Handlungsspielraum ein. Das führt zu Unfreiheit und Verzicht auf Verantwortung. Selbstverachtung, Hoffnungslosigkeit und Verzweiflung wachsen. Wird die eigene Situation als ausweglos erlebt, führt das hin zu recht häufigen Selbsttötungsgedanken und -handlungen.

Die bemerkbar werdende Hirnleistungsschwäche —

gesteigerte Reizbarkeit mit verminderter Belastbarkeit – variiert von Mensch zu Mensch. Sie hängt unter anderem vom Alter bei Trinkbeginn, von Trinkdauer und -typ, sozialen Erfahrungen und individuellen Eigenschaften ab. An einzelnen Störungen sind hervorzuheben: Das Tempo bei komplexen geistigen Prozessen (Lernen, Wahrnehmen, Reagieren) vermindert sich. – Aufmerksamkeit, Konzentrationsvermögen, Merkfähigkeit lassen nach; dadurch wird die Neuaufnahme von Informationen erschwert. – Die Informationsverarbeitung (Erkennen von Zusammenhängen, Urteilsvermögen, Umstellungsfähigkeit) ist beeinträchtigt. – Abstraktions-, Kombinations- und Problemlösungsvermögen verschlechtern sich, während die verbalen Intelligenzleistungen erhalten bleiben können. Die Persönlichkeitszüge, die einen Abhängigen im fortgeschrittenen Stadium auszeichnen, stehen mit Änderungen seiner Antriebs- und Stimmungslage im Zusammenhang: Antriebsminderung und Verlangsamung, depressive Gestimmtheit neben gefühlsmäßiger Abstumpfung, aber auch Stimmungsunausgeglichenheit, Unruhe- und Erregungszustände, starke Ängste oder unbegründete Sorglosigkeit, Kritiklosigkeit und entsprechend unangepaßtes Verhalten können auftreten und wechseln auch einander ab. Die Persönlichkeit wird in ihrem Selbstwertgefühl erheblich beeinträchtigt, da sie diese Vorgänge erlebt, aber nicht begreift.

Durch anhaltende Abstinenz bilden sich solche Störungen zurück. Der Abstinente kann so wieder Verantwortung übernehmen und wird zur erfolgreichen Lebensbewältigung fähig. Besserung wird selbst bei sehr langen Krankheitsverläufen erreicht, doch wird die Behebung der Störungen immer langwieriger und schwieriger.

Von besonderer Bedeutung sind die Störungen des Leistungsvermögens, weil sie sich auf die Arbeit auswirken. Ihre Ursachen ergeben sich aus dem Dargelegten. Es kommt zu einer komplexen „Abwesenheit": Gedankenabwesenheit, Unaufmerksamkeit, Konzentrationseinbuße und Schludrigkeit machen sich breit. Abwesenheit vom Arbeitsplatz, Verlängerung von Pausen, heimliches Verschwinden vom Arbeitsplatz, Arbeitsbefreiungen wegen verschiedener körperlicher Störungen und Symptome, Verspätungen mit oft unglaubwürdigen Begründungen, Fehlschichten, unentschuldigtes Fehlen über immer längere Zeiträume kommen hinzu. Das Interesse an der Arbeit schwindet; sie macht keine Freude mehr, wird nachlässiger verrichtet. Der Arbeitsplatz wird vorschnell aus Leichtfertigkeit oder Angst vor den Folgen aufgegeben. Initiativlosigkeit, Trägheit, Flüchtigkeit entfalten sich, das Arbeitstempo wird unregelmäßig, verlangsamt sich, Spannkraft und Durchhaltevermögen nehmen ab. Ein Rückzug aus dem Arbeitskollektiv tritt als Folge von Überempfindlichkeit, Rechthaberei, aggressiver Gespanntheit ein. Das Kollektiv wird dem Betroffenen gleichgültig; Belastungen durch familiäre, finanzielle, gesundheitliche Probleme lenken zunehmend von der Arbeit ab.

Die tatsächliche Arbeitsleistung nimmt anfangs nur langsam ab. Doch bis zum Beginn der chronischen Phase büßt ein Alkoholabhängiger schon etwa ein Viertel seiner Leistungsfähigkeit ein. Dann schreitet der Leistungsverfall rascher voran – selbst bis hin zur Leistungsunfähigkeit, wenn keine Abstinenz mehr erreicht wird. Dabei bleiben persönlichkeitstypische, anlagebedingte und früh erworbene und gefestigte Fähigkeiten und Fertigkeiten am längsten erhalten. In der Übersicht (s. S. 35) ist dieses Geschehen schematisch dargestellt.

Mißbrauch und Abhängigkeit können natürlich auch vielfältige körperliche oder Organschäden hervorrufen. Dabei bleibt dem Arzt manchmal der Alkoholkonsum als Ursache verborgen oder unzugänglich, vor allem, wenn sein Patient entsprechende Fragen abwehrt, unverbindliche, beschönigende, nichtssagende Antworten gibt. Mitunter ist Alkohol nur eine von mehreren Krankheitsursachen, häufig allerdings die wesentliche. Vor allem ist es langwährender, regelmäßiger, täglicher Alkoholge-

Übersicht 8:

Leistungsabfall von Abhängigen und Reaktionen im Betrieb auf Folgeerscheinungen der Abhängigkeit

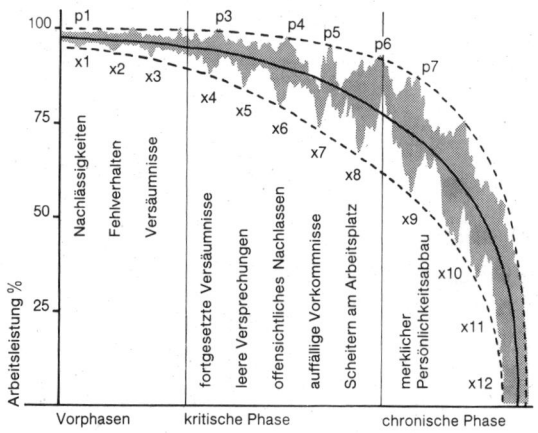

x1/2 Bagatellisierung
x3   Verwarnungen/Aus-
     sprachen
x4   Ratlosigkeit/Ratsuche
x5   Kontaktaufnahme zwi-
     schen verschiedenen
     Stellen
x6   Verminderung der An-
     forderungen
x7   Disziplinarmaßnahmen
x8   Einschalten anderer
     Instanzen
x9   Hilflosigkeit aller Ver-
     antwortlichen
x10 Resignation
x11 „letzter Versuch"
x12 Aufgabe, Entlassung,
     gegebenenfalls Invali-
     disierung ...

p1/2 Zufriedenheit
p3   Anerkennung des beson-
     deren Einsatzes der Be-
     troffenen, „Schuldabarbei-
     tung"
p4   Angebote von „Hilfen",
     Veränderungen, Qualifizie-
     rung
p5   Beruhigung auf Grund
     vorübergehender Absti-
     nenz bzw. Unauffälligkeit
p6   Belohnung und Anerken-
     nung zeitweiligen Nicht-
     trinkens
p7   Momente aufflammender
     Hoffnung bei guten Ergeb-
     nissen, gegebenenfalls
     Unterstützung einer Be-
     handlung

Übersicht 9:
Schematische Darstellung möglicher Alkoholfolgeschäden
im menschlichen Organismus

Alkohol-Entzugserscheinungen
verschiedener Ausprägung und
Schwere

Geisteskrankheiten verschiedener
Ausprägung und Schwere
Erkrankungen des Großhirns
Erkrankungen des Kleinhirns
Wesensänderungen und
Persönlichkeitsabbau (Demenz)
Sehnerven„schwund" (Amblyopie)

Herzerweiterung (-vergrößerung)
Herzmuskelerkrankung

Magen- und Darm-Schleimhaut
erkrankungen (-entzündungen)
Bauchspeicheldrüsenerkrankung
Mangelernährung und Störungen der
Nahrungsaufnahme

Fettleber
Lebererkrankung
Leberentzündung (Hepatitis)
Leber„schrumpfung" (Zirrhose)

Rückenmarkserkrankungen

Hoden„schrumpfung" (atrophie)
körperlich-geistige Schädigungen
(Mißbildungen) des Kindes im Mutterleib

Hüftgelenkszerstörung
(Skelett-)Muskelerkrankung

Bluthochdruckkrankheit
Störungen der Blutbildung

Hautveränderungen

Nerven„entzündung"
((Poly-)neuropathie)

brauch, der Erkrankungen auslösen und aufrechterhalten kann. Behandlungen bleiben dann wenig erfolgreich, wenn das Trinken nicht aufgegeben wird. Hier ist eine Warnung durchaus am Platze: Täglicher, selbst noch mäßig erscheinender Alkoholgebrauch − ein „Gläschen" zu Mahlzeiten oder zum Feierabend, einige „Fläschchen" Bier beim Fernsehen − ist gefährlicher als ein gelegentliches stärkeres Trinken. In der Zeit der Nüchternheit bilden sich eingetretene Organschäden leichter zurück. Doch wollen wir nicht so verstanden sein, daß selteneres, doch übermäßiges Trinken ungefährlicher ist; bei ihm sind die sozialen Störungen meist viel ausgeprägter.

Krankheiten als Folge von Alkoholmißbrauch und -abhängigkeit sind recht häufig. Unsere Übersicht (s. S. 36) orientiert darüber. Der Arzt muß die Ursachen solcher Krankheiten richtig erkennen, um auch die Grundkrankheit behandeln zu können. Er muß dabei an Alkohol als Verursacher denken und seine Verdachtsdiagnose überprüfen. Wenn Arzt und Patient vertrauensvoll zusammenwirken − das geht nicht ohne die Bereitschaft des Kranken − können Orientierungsfragebögen (z. B. MALT) eine Hilfe sein. Weitere problemgerichtete Gespräche zwischen Arzt und Patient werden dadurch natürlich nicht überflüssig.

Wir können nur auf einige wichtige und häufige Alkoholschäden hinweisen. Ständige oder häufig wiederholte Zufuhr größerer Alkoholmengen begünstigt Entzündungen der Schleimhäute des Magens und oberen Dünndarms, die akut oder chronisch verlaufen und einer Geschwürskrankheit den Weg bahnen können. Übrigens beeinträchtigen Magenoperationen die Alkoholaufnahme ganz erheblich. Ändert der Magenoperierte sein Trinken nicht, dann verlaufen seine Räusche rascher und schwerer. Die Leber ist das zentrale Organ für den Alkoholabbau; dadurch wird sie in ihren eigentlichen Aufgaben behindert. Leberverfettung, Fettleber, Leberentzündungen, Leberschrumpfung und Schrumpfleber mit zum Teil lebensgefährlichen Komplikationen können die Folge sein. Vielleicht noch häufiger sind alkoholbedingte Erkrankungen der Bauchspeicheldrüse. Herzerweiterung und -erschlaffung, Leistungsminderung des Herzens mit mitunter ernsten Krankheitserscheinungen treten bei alkoholbedingten Schäden des Herzmuskels auf. Alkoholgebrauch kann vorzeitige Erkrankungen des Gefäßsystems begünstigen und einen Bluthochdruck fördern. Mancher Hochdruck normalisiert sich durch Alkoholverzicht besser als durch Medikamente. Diese Aussage trifft für die alkoholbedingten Erkrankungen fast ausnahmslos zu: Alkoholverzicht beseitigt oder bessert sie. Medikamente helfen kaum, wenn weiter getrunken wird. Selbstverständlich wird auch das Nervensystem durch Alkohol mannigfaltig geschädigt. Diese Schäden entwickeln sich meist sehr langsam, schleichend, erreichen aber mitunter sehr schwere Grade. In der Abstinenz haben viele eine gute Rückbildungsneigung; doch auch dies dauert oft recht lange.

Von besonderer Bedeutung sind die alkoholbedingten Geisteskrankheiten. Sie sind Ausdruck einer komplexen Schädigung des Gehirns bei Alkoholabhängigen; gleichzeitig stellen sie ein Beispiel für Krankheiten dar, deren Ursachen wir zwar kennen, obwohl wir dennoch (noch) nicht wissen, wie sie die Krankheit im einzelnen herbeiführen. Die häufigste Alkoholpsychose ist das Alkoholdelir, das Delirium tremens, eine Erkrankung, die mit dem Alkoholentzug im Zusammenhang steht. Bei ihr treten vorübergehend Bewußtseinsstörungen und Trugwahrnehmungen auf, vorwiegend optische Sinnestäuschungen (Halluzinationen), bei denen der Kranke real nicht vorhandene „szenische" Geschehnisse, lange Handlungsabläufe in der Art eines Stummfilms sieht. Dabei ist sein Allgemeinbefinden so stark beeinträchtigt, daß diese Krankheit lebensgefährlich ist. Wird sie behandelt, klingt sie in der Regel meist in wenigen Tagen ab, selten hält sie länger als eine Woche an. Die Alkoholhalluzinose dauert meist länger, oft mehrere Wochen bis Monate. Bei ihr ist das Bewußtsein nicht beeinträchtigt. Im Vordergrund stehen akustische Trugwahrnehmungen: Die Patienten vermeinen häufig Gespräche von Personen, etwa von Bekannten zu hören, die nicht anwesend sind und die sie allerdings auch nicht sehen. Insofern erinnern diese Erscheinungen etwas an Hörspiele. Die Gespräche drehen sich dabei häufig um den Kranken: „anklagende" und ihn „verteidigende" Stimmen setzen sich mit seinem Verhalten auseinander. Eine dritte Form der Alkoholpsychosen sind die alkoholischen Wahnerkrankungen. Besonders auffällig ist dabei die Ausprägung als alkoholischer Eifersuchtswahn. Bei ihm bestehen oft groteske, unkorrigierbare Wahnvorstellungen über die eheliche Untreue der Lebensgefährtin. (Die Erkrankung tritt fast nur bei Männern auf.) Dieser Wahn kann sehr lange anhalten; oft bildet er sich nicht mehr völlig zurück. Eine andere, sehr eigenartige Alkoholpsychose ist die Korsakow-Psychose. Bei ihr besteht eine sehr ausgeprägte Störung des Neugedächtnisses, der Merkfähigkeit: Die Patienten können neue Eindrücke nicht behalten, während ihr alter Gedächtnisbesitz intakt ist. Die von ihnen dadurch empfundenen „Erinnerungslücken" füllen sie durch freie Erfindungen aus; sie sind nicht „erlogen". Von ihrer Richtigkeit sind die Betroffenen ebenso überzeugt wie die an anderen Psychosen erkrankten Menschen, die ihre Sinnestäuschungen nicht als solche erkennen können.

Als frühe Entzugserscheinungen treten mitunter Krampfanfälle auf; von einem Krampfleiden (Epilepsie) sollte dabei nicht gesprochen werden. Eine Alkoholepilepsie liegt nur dann vor, wenn die Anfälle während der Alkoholkrankheit beginnen, nicht mit dem Alkoholentzug in Verbindung stehen und trotz Alkoholverzichts weiter auftreten, ohne daß sich für sie eine andere Ursache finden läßt. Diese Krankheit ist selten.

Allmählich kann als Folge langzeitiger Alkoholabhängigkeit ein beträchtlicher Persönlichkeitsabbau und -verfall eintreten, den wir als alkoholische Demenz bezeichnen. Das kann auch zu vorzeitiger Invalidität und Pflegebedürftigkeit führen.

An dieser Stelle wollen wir wenige Worte körperlichen Schäden durch Schlaf- und Schmerzmittel widmen. Sie ähneln nämlich den durch Alkohol bewirkten Schädigungen, weisen aber auch Unterschiede zu ihnen auf. Manche Schlafmittel führen zu Erkrankungen der Magen-Darm-Schleimhäute; das gilt auch für einige Schmerzmittel. Schlafmittel können Leberschäden verursachen, weil sie vorzugsweise in der Leber entgiftet werden. Krampfanfälle sind im Entzug bei Schlafmittelabhängigen häufiger als bei Alkoholabhängigen. Werden Schlafmittel sehr lange benutzt, kann ein starker körperlicher Verfall, eine hochgradige Abzehrung, eintreten. Dauergebrauch von Schmerzmitteln kann schwere Schäden am Knochenmark bewirken; die Blutneubildung wird dadurch beeinträchtigt. Bekannt sind fortschreitende Nierenveränderungen durch Schmerzmittel, aus denen sich Nierenschrumpfungen entwickeln können. Sie können wiederum eine Ursache für einen Bluthochdruck setzen. Versagt die Nierenfunktion, kann die eintretende Harnvergiftung tödlich enden. Anhaltender Schmerzmittelgebrauch kann die Bildung von Krebs in der Niere fördern. Eine sehr beeindruckende Folge des Dauergebrauchs von Schmerzmitteln, etwa bei Kopfschmerzen, ist die Auslösung und Unterhaltung heftiger Kopfschmerzen durch das schmerzstillende Mittel. Das führt zur erneuten und anhaltenden Einnahme der Schmerztabletten, die die Kopfschmerzen unterhalten, weil ein fehlerhafter Kreislauf geschlossen worden ist.

Aspekte und Erscheinungen der Abhängigkeit

Es gibt verschiedene Aspekte und Erscheinungen, die normales, mißbräuchlich entgleistes und auch krankhaftes Trinken in unterschiedlicher Weise bestimmen. Je mehr sich die in diesem Kapitel beschriebenen Phänomene miteinander verbinden und gegenseitig verstärken, desto schwerer wird die Lösung von dem Mittel, desto tiefgründiger wird die freie Entscheidung über Benutzung oder Verzicht beeinträchtigt.

Soziokulturelle Abhängigkeit bedeutet Abhängigkeit des Trinkens von gesellschaftlichen und kulturellen Umwelteinflüssen. Dieser Hintergrund erleichtert das Verständnis für normales und mißbräuchliches Trinken. Auch das krankhafte Trinken spielt sich anfangs noch in üblichem, erwartetem, erwünschtem Rahmen ab. Der einzelne ist in verschiedene soziale Gruppierungen eingeordnet, gehört ihnen an. Das bringt ihn auch in Berührung mit Alkohol. Er erwirbt Verhaltensweisen, wie sie in den jeweiligen Gruppierungen üblich sind. Alkohol wird dort zwar in verschiedener, aber jeweils geschätzter und gebilligter Weise genossen und als angenehm empfunden. Zahlreich sind die Anlässe für gemeinsames Trinken. Der Wunsch und die Notwendigkeit nach Zugehörigkeit zu bestimmten Gruppen mit ihren inneren Beziehungen, Verhaltensweisen, Ansprüchen, Gepflogenheiten, Interessen, die Einbindung in sehr unterschiedliche soziale und kulturelle Bedingungen und Bedürfnisse bestimmen die Art und Weise des Trinkens der Angehörigen solcher Gruppierungen. Sie bemühen sich hierbei um Einordnung, um Einhaltung eines von ihnen erwarteten Verhaltens, das nur eine gewisse Spielbreite zuläßt und eine Voraussetzung für die Zugehörigkeit zu solcher Gruppierung ist. Diese Gruppeneinbindung ist durch eine Wechselwirkung zwischen dem Bemühen um Anerkennung und der Bereitschaft zur Annahme der Gruppeneinflüsse geprägt. Das bedingt ein weitgehend angepaßtes, „norm"gerechtes (im Sinne der Gruppennorm) Verhalten auch beim Trinken. Dabei können durchaus Erwartungen und Forderungen gestellt werden, die als „Trinkzwänge" wirken und denen entsprochen wird. Trinken in geselligen Runden, mit Freunden und Kollegen nach Arbeit und Sport, in der Disko, nach Feierabend, in der Freizeit, am Wochenende werden dadurch wesentlich mitbestimmt. Abweichendes Trinkverhalten wird durch mehr oder weniger ausgeprägte Beeinflussungen, äußeren Druck auf innere Einstellungen, korrigiert. So kann über längere Zeit das Trinkverhalten von soziokulturellen Bedingungen der Umwelt des Betroffenen mitgeformt und geprägt werden, die verhaltensbildend und verändernd auf den einzelnen einwirken. Dadurch kann Trinken entgleisen. Das begünstigt bestimmte Formen eines nichtkrankhaften Alkoholmißbrauchs und kann eine krankhafte Abhängigkeit bahnen helfen.

Psychische Abhängigkeit – mit diesem Begriff wird ausgedrückt, daß ein Mensch ein Mittel zur Herstellung eines inneren Gleichgewichts benötigt. Seine Bedürfnisspannungen und Unruhezustände behebt er nicht mehr durch gezielte Aktivitäten, sondern sein Mittel verschafft ihm eine Scheinbefriedigung oder Beruhigung. Daraus erwächst immer stärker das Gefühl, das Mittel werde für ein zufriedenes Leben unbedingt gebraucht. Je mehr es als brauchbar empfunden wird, desto unentbehrlicher wird es, desto stärker werden Bedürfnis, Verlangen, Drang, Zwang, es unbedingt zu benutzen, und desto quälender wird sein Fehlen empfunden. An die Stelle verschiedenster Strebungen, Wünsche, Ziele setzt sich das Mittel. Wenn seine Wirkung nachläßt, kann sie durch Wiederzufuhr, Dosiserhöhung oder den Ersatz durch ein stärkeres Mittel aufrechterhalten werden.

Psychische (oder seelische) Abhängigkeit ist Ausdruck der Erfahrung des Menschen mit „seinem" Mittel: Dessen überwiegend angenehme Wirkungen begründen seine Benutzung, rechtfertigen sie oder lassen sie als notwendig erscheinen. Die Bindung ist unterschiedlich stark ausgeprägt. Sie beginnt bei leichten und schreitet zu immer schwereren Graden fort. Bei einer schwachen Ausprägung wünscht man sich Alkohol, etwa in Geselligkeit oder zu Mahlzeiten, oder man vermißt ihn dabei. Eine starke Bindung liegt vor, wenn man sich veranlaßt oder gar gezwungen fühlt zu trinken, weil man sonst befürchtet, nicht genug leisten oder ertragen, aushalten zu können. Dazu legt man sich vielleicht einen Alkoholvorrat an.

Eine sehr starke Abhängigkeit liegt vor, wenn Alkohol in Mengen genommen wird, die die im gesellschaftlich-kulturellen Umfeld gebräuchlichen Mengen weit überschreiten, wenn in Situationen oder aus Gründen getrunken wird, die üblicherweise keinen Anlaß zum Trinken darstellen, wenn ein Drang nach Alkohol trotz allen Widerstrebens immer übermächtiger wird und das Trinken auslöst, wenn zwanghaft immer größere Alkoholvorräte angelegt werden oder ungewöhnliche, sogar giftige alkoholische Getränke getrunken werden.

So sagte uns ein junger Mann: „Manchmal habe ich mit meinem Kumpel 400 Mark hintereinander vertrunken. Wenn unser Geld dann alle war und wir noch Durst hatten, hielten wir uns an Brennspiritus."

Die psychische Abhängigkeit läßt sich als ein besonderer Zustand charakterisieren, der eine unterbrochene oder ununterbrochene Zufuhr eines Mittels auslöst, um damit Zufriedenheit, Behagen und Wohlbefinden (Euphorie) hervorzurufen oder Unbehagen und Unwohlsein (Dysphorie) zu vermeiden. Er äußert sich in einem starken Verlangen nach Wiederholung oder Aufrechterhaltung, auch wenn oder gerade weil die erwartete Wirkung nicht eintritt. Darin drückt sich aus, daß die Bindung zwischen einem bestimmten Menschen und einem bestimmten Mittel, die Abhängigkeit dieses Menschen von der Wirkung des Mittels, krankheitswertig geworden ist.

Zu der psychischen kann noch eine *physische Abhängigkeit* hinzutreten. Gerade bei der Abhängigkeit von Alkohol und Schlafmitteln ist das gemeinsame Auftreten der psychischen und der physischen Abhängigkeit Ausdruck des krankhaften Geschehens; bei einem nichtkrankhaften Mißbrauch dieser Mittel bildet sich keine physische Abhängigkeit heraus. Die physische (physiologische, somatische oder körperliche) Abhängigkeit ist nicht unmittelbar erkennbar. Auf ihr Bestehen wird mittelbar aus dem Auftreten von Entzugserscheinungen geschlossen und auf ihren Grad aus der Schwere dieser Erscheinungen. Gelingt es einem Abhängigen, die notwendige Dosis seines Mittels über längere Zeit beizubehalten, dann spürt er seine körperliche Abhängigkeit kaum, fühlt sich relativ wohl und leistungsfähig. In der physischen Abhängigkeit drückt sich eine Anpassung des Organismus an das Mittel aus. Sie äußert sich in starken körperlichen Beschwerden, wenn die gewohnte und benötigte Menge von Alkohol oder einem wirkungsähnlichen Mittel deutlich unterschritten oder ihre Zufuhr ganz eingestellt wird. Die Entzugserscheinungen klingen zwar allmählich ab, doch wird dieser Zustand als Beeinträchtigung der Gesundheit und Leistungsfähigkeit, ja als Krankheit erlebt. Deshalb wird er häufig durch weitere Zufuhr des Mittels vermieden oder durch Wiedereinnahme rasch beendet.

Damit werden *Entzugserscheinungen* — man spricht auch vom *Entzugssyndrom* — zum Ausdruck der krankhaften körperlich-seelischen Abhängigkeit. Finden wir bei einem Menschen neben einer psychischen Abhängigkeit auch Entzugserscheinungen als Ausdruck seiner physischen Abhängigkeit, dann sprechen wir von einer Krankheit, z. B. Alkoholkrankheit. Das Entzugssyndrom unterscheidet sich in Art, Ausprägung, Verlauf und Schwere von einer Vergiftung (Vergiftungssyndrom). Eine Vergiftung tritt ein, wenn die eingenommene Menge eines Mittels die Verträglichkeitsgrenze des Organismus überschreitet. Es gibt mehr oder weniger schwere Vergiftungen. Das Entzugssyndrom tritt dagegen dann auf, wenn die Verträglichkeitsgrenze unterschritten wird. Es schließt zeitlich an die (Dauer-)Vergiftung an oder fügt sich in die Lücke zwischen Vergiftung und Nüchternheit ein. Es ist mehr als ein bloßer Katerzustand, der als die allerleichteste Form eines solchen „Durchgangssyndroms" angesehen werden kann.

Das Entzugssyndrom tritt in zwei Formen auf, als akutes Entzugssyndrom und als chronisches Entzugssyndrom (oder Pseudoentzugssyndrom). Ein *akutes Entzugssyndrom* tritt auf, wenn bei Alkoholabhängigen eine aktuelle kritische Menge Alkohol zu einem bestimmten Zeitpunkt unterschritten wird. Das kann sowohl bei einem unregelmäßig betriebenen Trinken der Fall sein, wenn nach einer Zeit starken Trinkens, einem Trinkexzeß, die Alkoholzufuhr beendet wird und eine Zeit der Nüchternheit beginnt, als auch bei einem regelmäßigen, lange anhaltenden Trinken, wenn versucht wird, weniger oder gar nicht zu trinken. Bei letzterem sind Entzugserscheinungen oft deutlicher ausgeprägt und folgenschwerer.

Ein *chronisches Entzugssyndrom* ist keine Durchgangserscheinung zwischen Trinken und Nüchternheit. Es kann in den ersten Wochen und Monaten der Abstinenz aus voller Nüchternheit auftreten, ohne daß ihm neuer Alkohol- oder Medikamentengebrauch unmittelbar vorangegangen ist. Deshalb spricht man auch vom „Pseudo"entzugssyndrom, also einem „unechten" Entzugssyndrom. Es ähnelt dem akuten Entzugssyndrom und kann durch unterschiedliche Belastungen ausgelöst werden; häufig erscheint es wie ein „Blitz aus heiterem Himmel", und es läßt sich kein Auslöser nachweisen. Es kann als Beweis dafür angesehen werden, daß der Mittelverzicht allein die Abhängigkeit nicht beendet oder beseitigt, sondern daß diese weiterwirkt. Das chronische Entzugssyndrom kann den Abhängigen ebenso stark gefährden wie das akute Entzugssyndrom, denn es wirkt stark rückfallauslösend. Seine unangenehmen, lästigen, peinigenden und vielleicht sogar beängstigenden, weil unerwarteten Erscheinungen klingen nämlich durch Alkoholzufuhr rasch ab, während sie ohne eine solche falsche Selbstbehandlung längere Zeit anhalten können. Auch der Arzt sollte nicht Beruhigungsmittel verschreiben, sondern seinen Patienten davon überzeugen, daß er diese Belastung nüchtern und ohne Medikamente ertragen kann. Wird die Abstinenz fortgesetzt, dann nehmen die Erscheinungen allmählich an Häufigkeit, Dauer und Stärke ab, bis sie eines Tages ausbleiben. Das chronische Entzugssyndrom tritt nicht bei allen Abhängigen auf, dennoch sollte jeder um diese Möglichkeit wissen.

In welchen Formen tritt das Entzugssyndrom auf?

In leichteren Fällen kommt es zu Reizerscheinungen von seiten des vegetativen Nervensystems (Schwitzen, Zittern, Unruhe, Schlafstörungen, Appetitlosigkeit u. a.). Auch das Zentralnervensystem kann betroffen sein; dadurch können sogar flüchtige Sinnestäuschungen beobachtet werden, bei denen Gegenstände in Form und Farbe verändert wahrgenommen werden, wie das auch vor dem Einschlafen oder im Halbschlaf möglich ist. Kurzzeitig können Störungen der Gefühle, des Gemüts, des Antriebs und Gedächtnisstörungen hinzutreten. Im Einzelfall kombinieren sich recht unterschiedliche Beeinträchtigungen, die einen Menschen seine „Entzüge" wiederholt recht gleichartig erleben lassen. Unsere Übersicht (s. S. 47) stellt die wichtigsten Entzugserscheinungen vor.

Gefährlicher als die einfachen, von vegetativen Erscheinungen geprägten Entzugsbilder sind die stärker ausgebildeten des Prädelirs und die voll ausgebildeten des Delirs. Bei ihnen nehmen die Störungen der optischen Wahrnehmung zu, sie erhalten traumhaften szenischen Charakter. Daneben können akustische Täuschungen (Geräusche, Töne, Stimmen) und Sinnestäuschungen anderer Art auftreten. Sie gehen mit einer zunehmenden allgemeinen Unruhe, mit Störungen der Orientierung und mit einem raschen Wechsel der Bewußtseinslage einher. Werden lebenswichtige Funktio-

Übersicht 10:
Einzelerscheinungen bei Entzugssyndromen

1. *Leichtere Formen*
1.1. Störungen des Verdauungssystems
1.1.1. Appetitlosigkeit
1.1.2. Übelkeit
1.1.3. Erbrechen
1.1.4. Durchfall
1.2. Störungen des Bewegungssystems
1.2.1. Zittern (Tremor)
1.2.2. Muskelkrämpfe
1.3. Störungen der Wahrnehmung
1.3.1. Lärmempfindlichkeit
1.3.2. Empfindungsstörungen („Ameisenlaufen")
1.4. Psychische Beschwerden
1.4.1. Allgemeine Unruhe
1.4.2. Gereiztheit
1.4.3. Schlafstörungen
1.5. Störungen des Herz-Kreislauf-Systems und des vegetativen Nervensystems
1.5.1. Schweißausbrüche
1.5.2. Blutdruckschwankungen
1.5.3. Schwankungen der Herzfrequenz

2. *Schwerere und schwere Formen*
2.1. Alle oben genannten Störungen in stärkerer Ausprägung
2.2. Störungen der Wahrnehmung (Sinnestäuschungen)
2.2.1. Störungen der optischen Wahrnehmung
2.2.2. Störungen der akustischen Wahrnehmung
2.2.3. Störungen der haptischen Wahrnehmung u. a.
2.3. Orientierungsstörungen (räumlich und zeitlich)
2.4. Störungen des Bewußtseins
2.4.1. Schwankungen der Bewußtseinslage
2.4.2. Bewußtseinseintrübungen
2.4.3. Bewußtlosigkeit
2.5. Entzugskrämpfe (Entzugsanfälle)

nen beeinträchtigt, dann wird das Delir zu einer lebensbedrohenden Erkrankung, die einer sofortigen intensiven stationären Behandlung bedarf. Erscheinungen und Verlauf solcher Delirien bei Alkohol und bei Schlafmitteln sind in zwei Übersichten (s. S. 49/50) schematisch dargestellt.

Zu den psychotischen Erscheinungen im Sinne von Aus- und Umdeutungen der als wirklich erlebten Sinnestäuschungen können wahnhafte Erscheinungen meist flüchtiger Art gehören. Von ihnen kann unter Umständen neben der akuten Selbstgefährdung eine Gefährdung für andere Menschen ausgehen. Krampfanfälle sind im Rahmen eines Alkoholentzugs nicht ganz selten; beim Medikamentenentzug sind sie noch häufiger. Wenn gelegentliche Anfälle auch meist folgenlos sind, sollte die Gefahr durch ihre Häufung oder Wiederholung nicht übersehen werden. Bei der ärztlich geleiteten Entzugsbehandlung werden sie berücksichtigt; die Behandlung trachtet, sie möglichst zu vermeiden.

Jeder Mensch macht zu Beginn seines Trinkens die Erfahrung, daß der Alkohol ihm nicht besonders bekommt, ihn stark beeinträchtigt. Er fühlt sich bei seinem ersten Rausch schon nach sehr kleinen Alkoholmengen „mitgenommen", leidet unter den Folgen. Die unangenehmen Seiten überwiegen gegenüber den angenehmen, doch der Vorsatz „Nie wieder ein Schluck!" hält meist nicht lange an. Weitere Trinkversuche führen zu „besseren" Ergebnissen. Man gewinnt Trinkerfahrungen, die gewünschten Wirkungen stellen sich ein, die Nachwirkungen bleiben erträglich, der Alkohol bekommt einem nun, man erprobt seine individuelle Trinkmenge und lernt den Umgang mit Alkohol. Dabei kommt es zu einer gewissen Erhöhung der Trinkmenge, man wird „trinkfester". Hierbei handelt es sich um einen Anpassungsvorgang. Die Verträglichkeit für Alkohol – sie ist gleichzeitig das Maß für die vertragene Menge – wird als *Alkoholtoleranz* bezeichnet. Ähnliches wird mit dem Begriff *Alkoholadaptation* ausgedrückt. Bei längerem Trinken – etwa schon bei einem Mißbrauchstrinken – erhöht sich die Alkoholtoleranz. Das ist auch bei einer krankhaften Alkoholabhängigkeit der Fall. Hier steigt im Krankheitsverlauf die vertragene Menge ebenfalls. Die vertragene Menge ist dabei gleichzeitig auch die benötigte Menge. Anstieg der Alkoholtoleranz bedeutet nicht nur, daß man trinkfester geworden ist, sondern vor allem, daß die ursprünglichen, früheren Trinkmengen nicht mehr ausreichen, um die erstrebten und benötigten Wirkungen her-

Übersicht 11:
Verlauf der Entzugserscheinungen bei einer Alkoholabhängigkeit

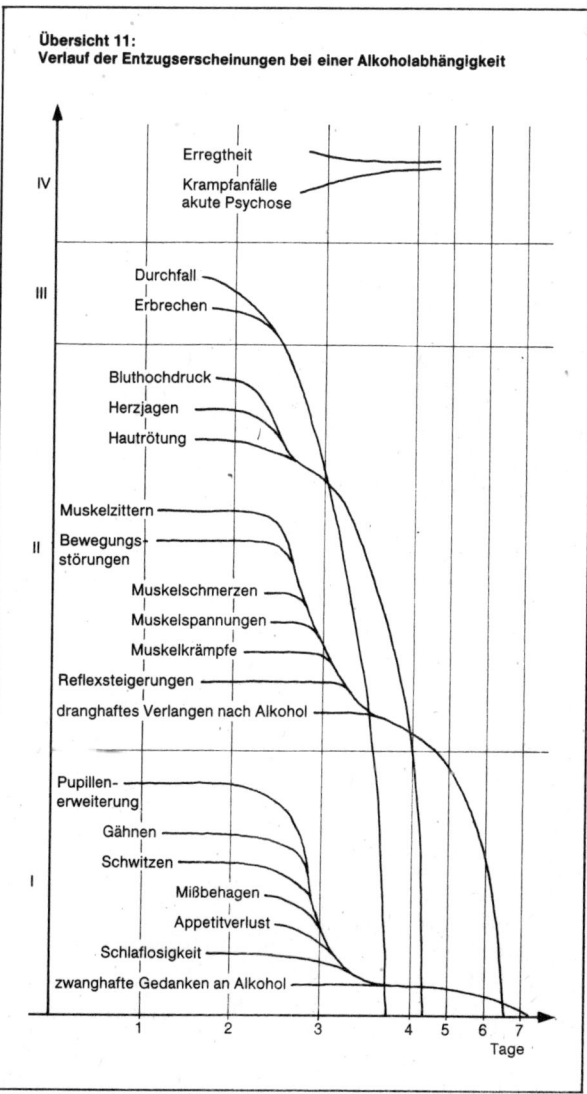

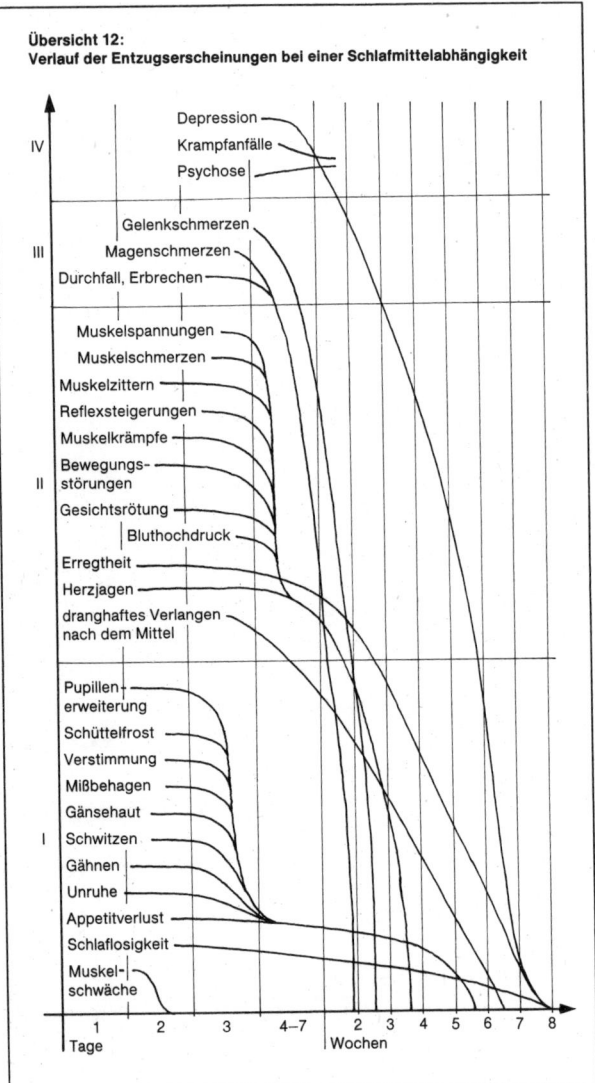

Übersicht 12:
Verlauf der Entzugserscheinungen bei einer Schlafmittelabhängigkeit

IV
Depression
Krampfanfälle
Psychose

III
Gelenkschmerzen
Magenschmerzen
Durchfall, Erbrechen

II
Muskelspannungen
Muskelschmerzen
Muskelzittern
Reflexsteigerungen
Muskelkrämpfe
Bewegungs-störungen
Gesichtsrötung
Bluthochdruck
Erregtheit
Herzjagen
dranghaftes Verlangen nach dem Mittel

I
Pupillen-erweiterung
Schüttelfrost
Verstimmung
Mißbehagen
Gänsehaut
Schwitzen
Gähnen
Unruhe
Appetitverlust
Schlaflosigkeit
Muskel-schwäche

1 2 3 4–7 2 3 4 5 6 7 8
Tage   Wochen

beizuführen. Um gleiche Wirkungen wie früher zu erreichen, bedarf es größerer Alkoholmengen als früher. Erst
im späten, chronischen Stadium der Abhängigkeit sinkt
die Alkoholtoleranz wieder: Der Patient erlebt, daß er
nicht mehr so viel trinken kann wie in seinen „besten"
Zeiten, daß ihm der Alkohol schlechter bekommt: „Ich
weiß nicht, was mit mir los ist, früher konnte ich doch
viel mehr vertragen."

Auch auf die *„Kreuztoleranz"* müssen wir hinweisen.
Dabei besteht die Toleranz nicht allein gegenüber dem
Mittel, mit dem sie erworben wurde, sondern auch gegenüber anderen, wirkungsähnlichen Mitteln. Von ihnen
werden ebenfalls größere Mengen benötigt, um eine
ausreichende Wirkung zu erzielen. Die Gefährdung
durch die Abhängigkeit ist durch einen Wechsel des Mittels nicht zu beseitigen, sondern nimmt zu. Das trifft z.B.
auf das „Umsteigen" von Alkohol auf ein Schlafmittel
oder umgekehrt zu. Eine weitere Folge davon ist, daß Alkoholabhängige oft nur schwer in Narkose zu versetzen
sind, weil dazu eine erheblich größere Menge des Nar-
kosemittels nötig ist. Der Patient muß seinem Arzt also
unbedingt wahre Angaben über seine Gewohnheit und
die Menge, die er verträgt, machen!

Für das Verständnis der krankhaften Abhängigkeit
spielen schließlich die Begriffe „Kontrollverlust" und
„Abstinenzverlust" eine sehr wichtige Rolle.

Der *Kontrollverlust* kann als Verlust der Kontrolle über
die Trinkmenge und das Trinkverhalten beschrieben
werden. Er tritt nicht beim Alkoholmißbrauch auf und ist
ausschließlich das Merkmal einer bestimmten Verlaufsform der Alkoholabhängigkeit: der Form des unterbrochenen Trinkens mit einem Wechsel zwischen Zeiten
der Nüchternheit und solchen der Trunkenheit. Das erst-
malige Auftreten des Kontrollverlusts kennzeichnet den
Übergang vom nichtkrankhaften zum krankhaften Trinken. Zuvor waren die Räusche noch in üblicher Weise
verlaufen. Unerwartet kommt es erstmals dazu, daß weit
über das bisherige Maß oder über die eigenen Absich-
ten hinaus getrunken wird, weil nicht mehr rechtzeitig

geendet werden kann. Das Hineintrinken in einen schweren, auch einen verlängerten Rausch ist nicht beabsichtigt. Es wird weitergetrunken, ohne daß der Wille eine Rolle spielt; er kann sich gegen das Trinken nicht durchsetzen. Die mangelnde willentliche Beherrschung tritt nicht erst bei einem stärkeren Rausch auf, sie kann schon durch eine verhältnismäßig kleine Alkoholmenge ausgelöst werden. Manche sprechen vom „ersten Schluck", von dem die Gefahr ausgeht und den man deshalb meiden müsse. Im nüchternen Zustand bleibt der Alkoholverzicht möglich. Erst nach Beginn des Trinkens kann seine Beendigung scheitern. Das Trinken hat sich verselbständigt und läuft ohne Beeinflussung durch den Willen ab. Dieses anders gewordene Trinken fällt nicht weiter auf, wenn es erstmalig auftritt und wenn die nächsten Räusche wieder wie sonst verlaufen. Der Kontrollverlust tritt nicht schlagartig in voller Ausprägung auf, doch im Laufe der Zeit wird er immer häufiger. Dadurch werden die Räusche zunehmend schwerer und ihre Folgen ausgeprägter. Alle Versuche, wieder „wie andere", „wie früher" oder „besser" zu trinken, scheitern am Kontrollverlust. Der Abhängige beherrscht nicht mehr den Alkohol, sondern der Alkohol beherrscht ihn. Schließlich heben schon ganz geringe Alkoholmengen die Selbstkontrolle auf. Dennoch bleibt im nüchternen Zustand die Fähigkeit erhalten, durch eine bewußte Entscheidung Alkohol zu meiden und so die Kontrolle über sein Trinken nicht zu verlieren.

Die bewußte Abstinenz beseitigt zwar nicht mehr Kontrollverlust und krankhafte Abhängigkeit, doch macht sie sie unerkennbar. Ein einmal ausgebildeter Kontrollverlust läßt sich nicht mehr rückgängig machen.

Gegen diese vorherrschende Auffassung sind zwar Einwände erhoben worden. Sie drücken Zweifel am Bestehen des Kontrollverlusts und seinem verborgenen Weiterbestehen in der Abstinenz aus. Doch ist immer wieder festgestellt worden, daß die Wiederaufnahme des Trinkens einen Abhängigen mehr oder weniger schnell in seine volle Alkoholabhängigkeit zurückwirft.

Eine andere Form der Alkoholabhängigkeit ist durch den *Abstinenzverlust* gekennzeichnet. Auch er findet sich niemals beim Alkoholmißbrauch. Die durch ihn charakterisierte Form des krankhaften Trinkens verläuft als ein ununterbrochenes, über längere Zeiträume annähernd gleichbleibendes Trinken. Es führt nicht „im Selbstlauf" unter Verlust der Selbstkontrolle zu schweren Rauschzuständen. Die Kontrolle über das Trinken bleibt erhalten, so daß „sinnlose Räusche" vermieden werden können. Das Trinken verläuft weitgehend „rauscharm", doch hält der „Spiegeltrinker" seine Alkoholmenge im Körper annähernd gleich. Zu einem längeren Alkoholverzicht ist er nicht fähig. Versuche, völlig auf Alkohol zu verzichten, führen rasch zu schweren oder als schwer erlebten Entzugserscheinungen. Diese werden gemildert, indem wieder getrunken wird, eher noch werden sie durch ständiges Trinken vermieden. Ebensowenig wie er nüchtern ist, muß der Spiegeltrinker volltrunken sein, da er seine Trinkmenge kontrollieren kann. Volltrunkenheit ist möglich, nicht nötig. Da der Organismus solcher Spiegeltrinker sich an eine bestimmte, anfangs noch nicht einmal erhebliche, allmählich größer werdende Trinkmenge gewöhnt hat, wird der Spiegel durch ständiges „Nachtrinken" in kürzer werdenden Abständen beibehalten. Bei Einsicht in das krankhafte Geschehen und Bereitschaft zur Abstinenz kann auch solch Abhängiger die Abstinenz erreichen und aufrechterhalten.

Wenn zwei dasselbe tun... – Mißbrauch oder Krankheit

Seit langem wird behauptet, Alkoholismus sei eine verwerfliche Einstellung, ein Laster, Ausdruck der Haltlosigkeit, der Willensschwäche, der Unmoral. So lesen wir in einem altägyptischen Papyrus: „Du vernachlässigst dein Studium und ziehst von Kneipe zu Kneipe. Wer nach Bier riecht, ist für alle abstoßend. Der Biergeruch hält alle fern, er verhärtet deine Seele." Und in einem anderen heißt es: „Bringe dich nicht in eine hilflose Lage, indem du in einer Kneipe trinkst. Du sagst dann Dinge, an die du dich nicht erinnern kannst. Du wirst stürzen und dich verletzen, aber niemand wird dir die Hand zur Hilfe reichen. Deine Freunde wollen weitertrinken und werden sagen: Hinaus mit dem Trunkenbold!" Jeder Alkoholgebrauch, der vom gesellschaftlich üblichen Trinken abweicht, sich nicht an diesem orientiert, der traditionelle Bräuche durchbricht, kann als Alkoholmißbrauch angesehen werden; er ist dann ein falscher Alkoholgebrauch. Dabei sind die Grenzen zwischen Gebrauch und Mißbrauch fließend. Sie sind für den Einzelfall – das Trinken eines bestimmten Menschen zu einem bestimmten Anlaß – zwar bestimmbar, doch haftet dem eine gewisse Willkür an. Um Alkoholmißbrauch eindeutig festlegen zu können, müßte Alkoholgebrauch eindeutig bestimmbar sein. Das ist nicht der Fall. Eine häufig benutzte Definition – sie basiert auf Überlegungen von Soziologen und Juristen – erfaßt den Alkoholmißbrauch mehrdimensional, indem sie zu seiner Feststellung mehr als ein Merkmal heranzieht. Danach besteht Alkoholmißbrauch
■ im übermäßigen, die individuelle Verträglichkeitsgrenze überschreitenden Gebrauch von Alkohol, aber auch

Übersicht 13:
Formen des Alkoholismus (nach Jellinek)

Trinkweise	Syndrom des Alkoholmißbrauchs	Syndrom der Alkoholabhängigkeit
Unregelmäßig Mit Zeiten starken oder verlängerten Trinkens und Zeiten des Nichttrinkens	Alpha-Typ	Gamma-Typ
Regelmäßig Täglich Entweder in der Freizeit oder über den Tag verteilt	Beta-Typ	Delta-Typ
Unsystematisch Unregelmäßig oder regelmäßig mit nur zeitweilig krankhaft entgleistem Trinken		Epsilon-Typ

■ in jedem (auch mäßigem) Gebrauch von Alkohol
□ in Kombination mit anderen, den Rausch verstärkenden oder verändernden Mitteln (wie Medikamenten ...),
□ durch ungeeignete Personen (wie Kinder, Kranke, Schwangere ...),
□ zu ungeeigneter Zeit (vor Aufnahme der Arbeit, Benutzung eines Kraftfahrzeuges ...),
□ am ungeeigneten Ort (wie Arbeitsplatz ...),
■ insbesondere, wenn dadurch Rechtspflichten verletzt werden.

Medizinisch befriedigt diese Definition nicht ganz. Die unmittelbare Zuordnung jedes abweichenden oder gesellschaftlich mißbilligten Trinkens zum Alkoholmißbrauch wird dem komplizierten Geschehen nicht gerecht. Das gilt auch für die zusammenfassende Bezeichnung Alkoholismus. Um eine angemessene Bewertung des Trinkverhaltens vornehmen zu können, muß man verschiedene Formen voneinander trennen. Als Begründer eines modernen Konzepts des Alkoholismus hat

E. M. Jellinek hier wegbereitend gewirkt. Er unterscheidet mehrere Formen des Alkoholismus, die ihrem Wesen nach entweder nicht krankhaft oder aber krankhaft sind. Wir nennen die nichtkrankhaften Formen jetzt Alkoholmißbrauchssyndrom und die krankhaften Alkoholabhängigkeitssyndrom. Ihre Aufteilung läßt sich aus Übersicht (s. S. 55) entnehmen. Die zeitliche Entwicklung und mögliche Übergänge vom Gebrauch zum Mißbrauch und von diesem zur Abhängigkeit zeigt die Übersicht (s. S. 57).

Die beiden Formen des Alkoholmißbrauchsyndroms unterscheiden sich grundsätzlich von den Formen des Alkoholabhängigkeitssyndroms. Sie sind keine Krankheiten, sondern stellen ein, wenn auch vielleicht stark ausgeprägtes, individuelles Fehlverhalten dar. Es ist Ausdruck einer bloßen soziokulturellen Abhängigkeit, einer Bindung an ein bestimmtes Trinkverhalten, das anhaltend betrieben wird, oder es ist schon Ausdruck einer psychischen Abhängigkeit, ohne daß zu dieser eine physische Abhängigkeit hinzugetreten ist.

Der *Alpha-Typ* als nichtkrankhaftes, unregelmäßig wiederkehrendes und mitunter übermäßiges Trinken steht als ein Wirkungs- oder Konflikttrinken mit aktuellen, plötzlich auftretenden psychischen Belastungen, Spannungen, Konflikten im Zusammenhang. In den Erfahrungen des Betroffenen hat sich Alkohol als ein brauchbares Mittel zur Bewältigung seiner Lebensschwierigkeiten erwiesen. Deshalb setzt er ihn in ähnlichen Situationen stets aufs neue ein. Wir sprechen von einer psychischen Abhängigkeit, weil sich in diesem Verhalten ein starkes Verlangen – nicht nach einem Genußmittel Alkohol, sondern nach der „Droge Alkohol" – ausdrückt, mit der Wohlbefinden erzielt oder Mißbehagen vermieden werden soll.

Vom *Beta-Typ* sprechen wir dann, wenn ein an bestimmte äußere Anlässe überwiegend im Freizeitbereich gebundenes Trinken zum gewohnheitsmäßigen Handeln geworden ist. Hierbei kann Alkohol ein geselligkeitsfördendes oder durststillendes Genußmittel bleiben und

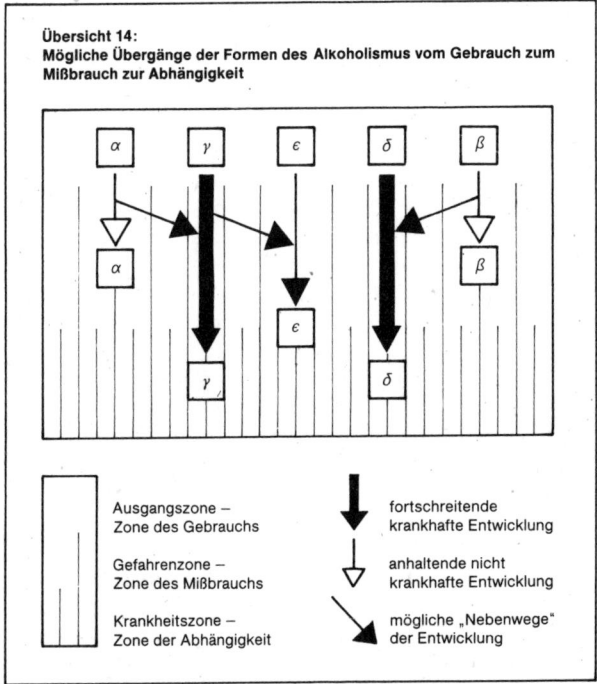

Übersicht 14:
Mögliche Übergänge der Formen des Alkoholismus vom Gebrauch zum Mißbrauch zur Abhängigkeit

Ausgangszone –
Zone des Gebrauchs

Gefahrenzone –
Zone des Mißbrauchs

Krankheitszone –
Zone der Abhängigkeit

fortschreitende
krankhafte Entwicklung

anhaltende nicht
krankhafte Entwicklung

mögliche „Nebenwege"
der Entwicklung

wird nicht ein Mittel zur Konfliktbewältigung. Dieses Miß-brauchsverhalten ist Ausdruck dafür, daß der Betroffene Trinkformen übernommen hat, die er als angenehm, nützlich, vielleicht auch üblich oder von ihm erwartet ansieht. Alkohol wird praktisch täglich, etwa nach Feierabend, auf dem Heimweg von der Arbeit, am Fernseher getrunken. Solches Trinken wird meist erst dann mißbilligt, wenn negative gesundheitliche Folgen eingetreten sind.

Alkoholmißbrauch findet sich häufiger bei Männern als bei Frauen. Dies erklärt sich aus den langen Trinktraditionen, die Männern beim Trinken „Vorrechte" eingeräumt haben, die Frauen verwehrt blieben. Erst in jüngerer Zeit wird das Trinken der Frau weniger mißbilligt. Seither haben sich auch bei Frauen zunehmend auffällige Formen entwickelt. Dieser „Frauenalkoholismus" weist Besonderheiten auf, die ihn vom „Männeralkoholismus" unterscheiden. So trinken Männer in der Regel öffentlich und in Gesellschaft, Frauen eher im privaten Bereich und allein für sich. Ähnliches gilt für den „Jugendalkoholismus", das nichtkrankhafte Trinken Heranwachsender, das von der Gesellschaft nicht gefördert wird. Hierbei wird von immer jüngeren Altersgruppen getrunken. Wegbahnend wirkt dabei die Vorverlagerung der „Trinkmündigkeit", eines nicht mehr mißbilligten Trinkens in der Öffentlichkeit. Der Jugendalkoholismus hat Beziehungen zu sozialen Fehlentwicklungen durch ein gestörtes Elternhaus oder aus anderen Gründen. Auch Gruppengewohnheiten, die Anpassung des eigenen Verhaltens an das Verhalten von Mitgliedern einer Gruppe, der man angehören möchte oder angehört, begünstigen ihn. Die fehlende biologische und soziale Reife Jugendlicher spielt dabei eine entscheidende Rolle.

Wenden wir uns jetzt der *Alkoholkrankheit* zu.

An der Wende vom 18. zum 19. Jahrhundert äußerten erstmals Ärzte, daß Alkoholismus kein Laster, sondern eine Krankheit sei. Mitte des vorigen Jahrhunderts wurde der Begriff des chronischen Alkoholismus mit dem der Alkoholkrankheit gleichgesetzt. Moderne Auffassungen hierüber entstanden erst in den letzten fünfzig Jahren. Sie führten zur Unterscheidung von Alkoholmißbrauch und Alkoholkrankheit als zwei grundsätzlich unterschiedlichen Formen des Alkoholismus.
Es ist das Verdienst von Jellinek, daß er
aus seinen Untersuchungen zum Trinken in verschiedenen Kulturkreisen verschiedene Formen des Trinkens unterschied,
in Zusammenarbeit mit der Weltgesundheitsorganisation ein Konzept formulierte, in dem er bestimmte Trinkformen als krankhaft auswies und
ihre fortschreitende, durch mehrere Krankheitsstadien verlaufende Entwicklung beschrieb.

Zu dem Krankheitskonzept sind allerdings auch Kritiken geäußert worden. Sie bezeichnen vier „Gegenargumente" als wesentlich:

1. Eine körperliche (biologische, biochemische, physiologische) Krankheitsursache sei bisher nicht gefunden worden. Das Krankheitskonzept würde sich nicht an Ursachen, sondern an Folgen orientieren.

2. Es seien nur „schlechte Gewohnheiten", die zum übermäßigen Trinken führten; dieses sei ebensowenig wie andere Angewohnheiten krankhaft.

3. Alkoholmißbrauch ließe sich ohne weiteres durch die Höhe des Alkoholverbrauchs bestimmen; es gäbe nur ein nichtkrankhaftes Problemtrinken im Sinne eines Trinkens, das wegen seines Ausmaßes zu Problemen körperlicher, psychischer oder sozialer Art geführt hätte.

4. Ein Krankheitsmodell nähme dem Patienten die Verantwortung für sein Verhalten ab und bestärke ihn in seiner passiven Haltung, daß er gar nichts tun könne, der Therapeut aber alles tun müsse.

Dem wollen wir, in Übereinstimmung mit vielen erfahrenen Fachleuten, entgegenhalten, warum wir das Krankheitskonzept als richtig ansehen:

Es mehren sich Ergebnisse komplizierter Untersuchungen, die immer stärker auf biologische Teilursachen als Hintergründe eines krankhaften Geschehens hinweisen. Die Alkoholabhängigkeit rückt dadurch in größere Nähe zu anderen Krankheiten. (Die Ursachen von Krankheiten werden in der Regel erst nach und nach erkannt bzw. erforscht.)

Ein Krankheitskonzept ermöglicht ein wertfreies Herangehen, wie es bei anderen Krankheiten angestrebt und annähernd erreicht wird. Alkoholabhängigkeit zu einer „Nichtkrankheit" abzuwerten muß zurück zur bloßen moralischen und rechtlichen Verurteilung führen, womit nur geschadet, aber nicht geholfen wird.

Wenn der Krankheitsbegriff abgelehnt wird, entfällt logischerweise auch jede Behandlung, die nur bei Krankheiten möglich ist. Eine Therapie der Abhängigkeiten ist allerdings mehr als die Behandlung körperlicher Krankheitserscheinungen, und sie wird auch nicht nur von Ärzten durchgeführt. Alternativen zur Krankheit wären etwa Verhaltensstörungen, die durch Verhaltensänderung beeinflußt werden könnten, oder Lebensschwierigkeiten, die der Beratung und Erziehung zugänglich wären.

Das Krankheitskonzept bestimmt die Zuständigkeit des Gesundheitswesens für jenen Teil der Trinker, die alkoholabhängig sind und einer Behandlung bedürfen, während die Beeinflussung der Alkoholmißbraucher und die Zurückdrängung des Alkoholmißbrauchs eine Aufgabe für die ganze Gesellschaft ist.

Die Vielgestaltigkeit ihrer Ursachen, Erscheinungen und Folgen macht die Alkoholabhängigkeit zu einer bio-psycho-sozialen Krankheit, die entsprechend vielseitig behandelt werden muß.

Krankhaftes Trinken verläuft ähnlich wie Mißbrauchstrinken. Wir begegnen Formen unregelmäßigen und regelmäßigen Trinkens. Von einer Krankheit sprechen wir, weil zu der psychischen Abhängigkeit von Alkohol die physische Abhängigkeit hinzutritt: Alkohol wird für das ordnungsgemäße Funktionieren des Organismus periodisch oder ständig immer notwendiger. Dabei muß die benötigte Alkoholmenge gesteigert werden, damit die erwünschte Wirkung eintritt. Reicht seine Menge nicht aus oder fehlt er, treten Entzugserscheinungen auf.

Der *Gamma-Typ* ist durch den unregelmäßigen Wechsel von Trinken und Nichttrinken gekennzeichnet. Durch den Kontrollverlust wird diese Verlaufsform ausgelöst und unterhalten. Dabei wird immer häufiger getrunken, wobei es immer öfter zu schweren und anhaltenden Räuschen kommt. Diese Trinkentgleisungen führen verhältnismäßig früh zu sozialen Schwierigkeiten. Zwischen Zeiten der Räusche liegen Zeiten völliger Nüchternheit. Allmählich verkürzen sich letztere und die des Trinkens verlängern sich. Sinkt die Alkoholverträglichkeit mit der Zeit, erscheint dieses Trinken als (fast) tägliches Trinken, von der Menge her nicht einmal übermäßig, von den

Folgen her aber hoch auffällig. In der Endphase kann es mit dem des Delta-Typs große Ähnlichkeit haben. Willensmäßig ist das Trinken nicht mehr beherrschbar.

Der *Delta-Typ* ist durch ein anhaltendes Trinken gekennzeichnet, das nicht von längeren Zeiten der Nüchternheit unterbrochen wird. Ein Alkoholverzicht ist nur kürzere Zeit, vielleicht bis zu einem halben Tag, möglich; zunächst muß während der Arbeit noch nicht getrunken werden. Meist werden die Pausen zwischen dem Trinken kürzer, schließlich betragen sie nur noch ein bis drei Stunden, oft wird dann sogar nachts getrunken. Nur durch ein häufiges „Nachtrinken" wird ein Absinken des Alkoholspiegels vermieden. Da zur Aufrechterhaltung des „Spiegels" lange Zeit kleinere Alkoholmengen ausreichen, treten schwerere Trunkenheitsgrade selten auf. Dadurch fällt dieses „heimliche" Trinken wenig auf, und soziale Schwierigkeiten bleiben lange aus. Mit dem Trinken werden Arbeits- und Handlungsfähigkeiten aufrechterhalten, die beim Gamma-Typ durch dessen Trinken rasch verlorengehen. Dem Delta-Typ ist ein längerer oder völliger Alkoholverzicht nicht mehr möglich, da er an einem Abstinenzverlust leidet, doch behält er die Kontrolle über sein Trinken und kann dessen Entgleisungen willentlich verhindern. Durch das Fehlen alkoholfreier Zeiträume können schwere Alkoholfolgekrankheiten oft schon früh auftreten; nicht immer werden sie bei diesem unauffälligen Trinker als alkoholverursacht erkannt. Mit dem Fortschreiten der Abhängigkeit wächst auch die benötigte Alkoholmenge an.

Um nicht durch Entzugserscheinungen zum Weitertrinken genötigt zu werden, muß auch der Delta-Trinker zum völligen Alkoholverzicht finden, um so seine Krankheitsform zu bewältigen.

Der *Epsilon-Typ*, den Jellinek beschrieben hat, scheint außerordentlich selten zu sein. Bei ihm verläuft das Trinken über längere Zeit maßvoll und kontrolliert, oder ein längerer Alkoholverzicht ist ohne weiteres möglich. Gelegentlich entwickelt sich unvorhersehbar aus einem unauffälligen, nichtkrankhaft wirkenden Trinken ein schweres Exzeßtrinken, das als Ausdruck eines gelegentlichen Kontrollverlusts angesehen wird. Der Betroffene findet dann wieder zu seinem maßvollen Trinken zurück, doch sind damit spätere Entgleisungen nicht zu verhüten. Dies ist ebenfalls nur durch eine konsequente Abstinenz möglich. Solche Verlaufsformen, z. B. „Quartalstrinker", haben wir nur äußerst selten gesehen.

Der Gang der Dinge –
Vom Verlauf der Abhängigkeiten

Die Alkoholabhängigkeit ist eine fortschreitende Krankheit. Sie entwickelt sich über mehrere Krankheitsstadien oder -phasen. Wegen der fehlenden Einsicht in das krankhafte Geschehen liegt häufig in den Anfangsphasen noch keine Bereitschaft zur Behandlung vor. Andererseits wird der Erfolg immer fraglicher, je später die Behandlung beginnt. Deshalb ist es wichtig, die Krankheit rechtzeitig zu erkennen, um die Behandlung frühzeitig aufnehmen zu können. Dann sind die Erfolgsaussichten am besten. Wir wollen typische Verlaufsformen beschreiben: den unterbrochenen oder periodischen Verlauf (am Beispiel des Gamma-Trinkens) und den ununterbrochenen oder kontinuierlichen Verlauf (am Beispiel des Delta-Trinkens).

Der *periodische Verlauf* des Gamma-Typs der Alkoholabhängigkeit zeigt eine Aufeinanderfolge von Krankheitsstadien, die einander in bestimmter Reihenfolge ablösen, ineinander übergehen. Dabei ist das Geschehen in den einzelnen Krankheitsabschnitten nicht starr aufzufassen. Abweichungen und Besonderheiten kennzeichnen den Verlauf der Einzelfälle. Die Krankheitszeichen oder -symptome bringen nicht nur die Entwicklung körperlicher und psychischer Krankheitsfolgen zum Ausdruck, sondern beziehen soziale und Persönlichkeitsstörungen mit ein. Auch die Überwindung der Krankheit durch die Abstinenz wird nicht nur von Symptomen der Rückbildung der Krankheitserscheinungen im engeren Sinn geprägt, sondern auch durch Versuche und Erfolge, die soziale Situation zu beherrschen und dabei alte Persönlichkeitseigenschaften zu aktivieren und neue zu entwickeln. Bei diesem Verlaufstyp werden

Übersicht 15:
Voralkoholische Phase

Dauer: unbestimmt, in der Regel einige Monate bis mehrere Jahre
Ausbildung einer rein psychischen Bindung an Alkohol
Noch weitgehende Einbindung in übliche Trinksitten
Zunehmende „Zweckentfremdung des Alkohols": Übergang vom „Genußmittel Alkohol" zur „Droge Alkohol"

Wesentliche Hinweiszeichen:

1. Alkoholgebrauch wird auf gesellige Gründe zurückgeführt.
2. Alkoholgebrauch führt zu einem Gefühl der Erleichterung.
3. Erleichterung wird fälschlich auf das gesellige Trinken geschoben; deshalb Suche nach Geselligkeit als Möglichkeit zum Trinken.
4. Anfänglich wird nur gelegentlich Erleichterung durch Alkohol („gelegentliches Erleichterungstrinken") gesucht.
5. Die seelische Belastbarkeit und Spannkraft nehmen ab, zunehmende Zuflucht zu Alkohol als „Spannungslöser".
6. Trinken am Abend zur Unterdrückung seelischer Spannungen tritt vermehrt auf.
7. Bis hierher ist das Trinken noch weitgehend unauffällig und unverdächtig.
8. Es erfolgt der Übergang vom gelegentlichen (seltenen) zum regelmäßigen (häufigen) Erleichterungstrinken.
9. Das bloße gesellige Trinken wird zugunsten eines „Wirkungstrinkens" aufgegeben.

mit Jellinek zwei Grundphasen unterschieden, nämlich eine frühe, noch nicht krankhafte oder Vorphase und eine entwickelte, auf die Vorphase „aufgepfropfte" krankhafte Phase. Die Vorphase besteht aus zwei Abschnitten, der voralkoholischen Phase und der prodromalen Phase; die krankhafte Phase ist in die kritische und die chronische Phase unterteilt. Später haben andere Untersucher die Zeit nach der Aufgabe des Trinkens, die Genesung, als nachalkoholische Phase beschrieben. Sie kann in eine Aufhellungsphase, eine Labilitätsphase und eine Wiederanpassungsphase unterteilt werden. Zu den einzelnen Phasen machen wir nur wenige Bemerkungen; die Übersichten (s. S. 64 ff.) zeigen Einzelheiten der einzelnen Krankheitsabschnitte.

Übersicht 16:
Prodromale Phase

Dauer: 6 Monate bis 5 Jahre
Zunehmende, aber noch rein psychische Bindung an Alkohol
Zunehmende Anpassung des Organismus an die Alkoholwirkungen
Erhöhung der Alkoholtoleranz

Wesentliche Hinweiszeichen:
1. Häufig wiederkehrendes Verlangen nach Alkohol
2. Erhöhung der Alkoholtoleranz
3. Gelegentliche Gedächtnisausfälle schon bei relativ geringen Trunkenheitsgraden
4. Heimliches Trinken
5. Hastiges, gieriges Trinken
6. Peinigende Gedanken an Alkohol
7. Schuldgefühle wegen des Trinkens
8. Ablehnung von Gesprächen über das Alkoholproblem
9. Wachsende Häufigkeit alkoholischer Gedächtnisausfälle

Die *voralkoholische Phase* kennzeichnet den Übergang vom ursprünglichen, gesellschaftlich eingebundenen und angepaßten Trinken zu einem „gelegentlichen Erleichterungstrinken", das sich zu einem „regelmäßigen Erleichterungstrinken" ausweitet. Dabei verliert der Alkohol zunehmend seine Bedeutung als Genußmittel. Er erhält den Charakter einer Droge, mit der das aktuelle Befinden manipuliert wird.

Die *prodromale Phase* weist auf den drohenden Ausbruch der Krankheit hin. (Prodromalerscheinungen gehen Krankheitserscheinungen unmittelbar voraus, sind ein sicheres Hinweiszeichen auf die Krankheit.) Sie ist vor allem durch das Auftreten kurzzeitiger Ausfälle des Erinnerungsvermögens (alkoholische Gedächtnis„lücken", „Filmrisse") bei schon geringen Trunkenheitsgraden charakterisiert. Nach Ausnüchterung fehlen Bruchstücke der Erinnerung an Geschehnisse während des Trinkens, etwa an Gesprächs- oder Handlungsteile. (Bei Volltrunkenheit sind Gedächtnis- oder Erinnerungsstörungen bei allen Menschen zu erwarten.)

Die *kritische Phase* beginnt mit dem Auftreten des Kontrollverlusts, den wir oben eingehend beschrieben haben. Jetzt entwickeln sich zunehmend durch die schweren Rauschzustände soziale Folgen, und es

---

Übersicht 17:
Kritische Phase

Dauer: 10 bis 15 Jahre
Ausbildung des Verlusts der Selbstkontrolle über die Trinkmenge
Zunehmende psychische Bindung an Alkohol
Entwicklung auch einer wachsenden physischen Bindung an Alkohol
Ausbildung von Entzugserscheinungen mit Zunahme ihrer Schwere
Entwicklung eines abhängigkeitsbedingten organischen „Psychosyndroms"

Wesentliche Krankheitszeichen:
1. Abnahme der Fähigkeit, das Trinken gemeinsam mit anderen zu beenden – Phänomen des Kontrollverlusts
2. Suche nach Rechtfertigungsgründen für das Trinken
3. Beginnende soziale Auffälligkeiten
4. Großspuriges und aggressives Verhalten
5. Anhaltende Selbstvorwürfe
6. Versuche, die Lage durch zeitweiligen Alkoholverzicht zu entspannen
7. Nichteinhaltung von Versprechungen und Vorsätzen
8. Änderungen am bisherigen Trinksystem
9. Versuche zur Flucht aus aktuellen Belastungen
10. Zunehmende Konzentration auf den Alkohol
11. Verluste an bisherigen Interessen
12. Aufgabe wertvoller Freundschaften
13. Wachsendes Selbstmitleid
14. Zerstörung familiärer Bindungen
15. Flucht in eine Scheinwelt
16. Wachsende Arbeits- und Geldschwierigkeiten
17. Grundloser Unwille und starke Stimmungsschwankungen
18. Sicherung von Alkoholvorräten für „Notzeiten"
19. Vernachlässigung der Ernährung
20. Verlust der allgemeinen Willensstärke
21. Beeinträchtigungen im Sexualverhalten
22. Zunehmende grundlose Eifersucht
23. Zittern und morgendliches Trinken

Übersicht 18:
Chronische Phase

Dauer: unbestimmt (über Jahre)
Alkohol ist zum zentralen Lebensinhalt geworden.
Voll ausgebildete psychophysische Bindung an Alkohol
Zwanghaftes Trinken und verlängerte Räusche
Auftreten schwerer Entzugserscheinungen

Wesentliche Krankheitszeichen:

1. Verschlechterung des Körperzustandes
2. Beginn verlängerter Räusche
3. Deutlicher ethischer und Persönlichkeitsabbau
4. Beeinträchtigung der Denkvorgänge
5. Trinken mit verbliebenen oder gefundenen „Trinkkumpanen"
6. Undefinierbare Ängste
7. Unfähigkeit zum Beginn von Tätigkeiten
8. Das Trinken nimmt den Charakter des Zwanghaften an.
9. Verschwommene Hoffnungen auf ein „Wunder"
10. Zusammenbruch der Erklärungsversuche für das Trinken
11. Eingeständnis der vollständigen Niederlage
12. Fortsetzung des zwanghaft gewordenen Trinkens innerhalb eines fehlerhaften „Teufelskreises"

kommt zu bestimmten Verhaltensweisen, mit denen auf diese reagiert wird.

Die *chronische Phase* ist einerseits durch die Anpassung des Organismus an Alkohol gekennzeichnet, andererseits sinkt in ihr die Verträglichkeit. Die Pausen zwischen dem Trinken sind nur noch kurz. Der Kranke trinkt fast ununterbrochen, das Trinken wird sein Lebensinhalt.

Folgen des krankhaften Trinkens und die Angst vor weiteren Schwierigkeiten führen zu einer eingeschränkten, nicht anhaltenden Behandlungsbereitschaft. Handelt es sich um mehr als einen flüchtigen Wunsch, dann erwächst aus der Einsicht „So kann es mit mir nicht mehr weitergehen" die Bereitschaft: „Jetzt lasse ich mir endlich helfen." Damit tritt das Geschehen in eine neue, die *nachalkoholische Phase.* Die Behandlung vermittelt die Erkenntnis, daß es keine Rückkehr zum früheren und keine bessere Fortsetzung des jetzigen Trinkens

Dauer: von sechs Wochen bis zu acht Monaten

Akutes Entzugssyndrom als Ausdruck der ausklingenden Alkoholwirkung

Konfrontation mit der Erkenntnis, das Trinken sei krankhaft

Beginnende Umorientierung auf die Abstinenz

Gefahr, anfänglichen Erfolgen vorschnell zu vertrauen

Wesentliche Genesungszeichen:

1. Vertiefung des ehrlichen Wunsches nach Hilfe
2. Einsicht in die Krankhaftigkeit des Trinkens
3. Erkenntnis der Möglichkeit, die Krankheit zum Stillstand zu bringen
4. Aufgabe des Trinkens
5. Zusammentreffen mit abstinent gewordenen Alkoholabhängigen, die gesund und glücklich leben
6. Hilfe bei der Bestandsaufnahme über die Lebenssituation
7. Neubeginn eines wirklichkeitsnahen Denkens
8. Überprüfung der eigenen Bedürfnisse und Suche nach Verwirklichungsmöglichkeiten
9. Interesse an der eigenen Gesundheit, dem körperlichen Zustand

geben kann. Wird das Trinken beendet, dann wird die Krankheit unerkennbar. Allein durch die Abstinenz kann sie beherrscht werden. Auch die Bewältigung der Abstinenz verläuft als Prozeß über längere Zeit.

In der *Wiederaufhellungsphase* erfolgt eine weitgehende, aber noch unvollkommene Rückbildung der alkoholbedingten psychischen oder Persönlichkeitsveränderungen und die Besserung vieler körperlicher Folgeerscheinungen. Die Bereitschaft, sich mit der eigenen Krankheit auseinanderzusetzen, wird gefestigt.

Die *Labilitätsphase* ist durch die noch unzureichende Festigung der Abstinenz gekennzeichnet. Die Rückfallgefahr, die Gefahr der Wiederaufnahme des Trinkens, ist noch groß. Sie kann den eingetretenen Teilerfolg ernsthaft gefährden.

Erst in der *Wiederanpassungsphase* stabilisiert sich die Persönlichkeit, festigt sich ihre soziale Einbindung,

Übersicht 20:
Labilitätsphase

Dauer: 6 Monate bis 2 Jahre
Ausklingendes Entzugssyndrom (chronisches Entzugssyndrom)
als Ausdruck noch nicht überwundener psychophysischer Abhängigkeit
Allmähliche Rückbildung der psychischen Abhängigkeit bei weitgehender Rückbildung der physischen Abhängigkeit
Gefährdung der erreichten Stabilität durch die noch ungenügend gefestigte psychische Widerstandsfähigkeit

Wesentliche Genesungszeichen:

1. Wachsender Beginn neuer Hoffnungen
2. Fortsetzung der Behandlung und Unterstützung bei der aktiven Bewältigung der Krankheit
3. Zuwachs an Erkenntnissen über Möglichkeiten, auf neue Art zu leben
4. Verringerung der Angst vor der unbekannten Zukunft
5. Rückkehr zu einer regelmäßigen Ernährung
6. Wiederfinden der Selbstachtung
7. Orientierung des Denkens an der Wirklichkeit
8. Langsame Aufgabe des bisherigen Ausweichverhaltens
9. Rückkehr von natürlicher Entspannung und Schlaf
10. Neueinstellung auf die Bedürfnisse der Familie
11. Anerkennung der Auseinandersetzung mit der eigenen Krankheit und der Abstinenz durch Familie und Freunde
12. Wiederfinden alter und Entstehung neuer Interessen
13. Gestaltung eines neuen tragenden Freundeskreises
14. Neugewinn an Lebensvorstellungen und -zielen
15. Mutige Auseinandersetzung mit dem wirklichen Leben
16. Entwicklung echter Lebenswerte
17. Zunahme der Fähigkeit, sich gefühlsmäßig zu kontrollieren

treten die Folgen des krankhaften Trinkens immer mehr zurück. Die Abstinenz wird zur Selbstverständlichkeit.

Aus dieser Darstellung des Verlaufs ergibt sich deutlich: Die Entstehung der Alkoholabhängigkeit ist ein langjähriger, mitunter sogar jahrzehntelanger Prozeß. Die Überwindung des krankhaften Geschehens und seiner vielfältigen Folgen findet nicht in wenigen Wochen oder Monaten statt, auch hier muß in Jahren gerechnet werden! Dazu müssen alle Beteiligten, nicht nur die Kranken allein, Beharrlichkeit und Geduld aufbringen.

Dauer: 1 bis 3 Jahre
Weitere Rückbildung der psychischen Abhängigkeit
Neuorientierung auf die bereits bestätigte Abstinenz
Fortsetzung der Umorientierung auf eine neue Lebensführung
Zunehmende Stabilisierung in allen Bereichen (Gesundheit, Persönlichkeit, Soziales)

Wesentliche Genesungszeichen:

1. Zunehmende soziale und wirtschaftliche Stabilität
2. Festigung des Vertrauens der Arbeitskollegen und Leiter
3. Freude an einem gepflegten Äußeren
4. Gewinn an Zufriedenheit durch die anhaltende Nüchternheit
5. Erkennung und Vermeidung von Ausflüchten und Ausweichverhalten
6. Erwerb der Fähigkeit, sich und andere zu akzeptieren
7. Fortsetzung der Gruppentherapie und gemeinsame Hilfen für andere
8. Eröffnung eines klaren und sinnvollen Lebensweges, der über die früheren Möglichkeiten hinausreicht

Die ununterbrochene oder kontinuierliche Verlaufsform ist für den Delta-Typ der Alkoholabhängigkeit charakteristisch. In der voralkoholischen Phase wird unauffällig an Feierabenden, bei passenden Gelegenheiten, an Wochenenden, zu den Mahlzeiten getrunken. Trunkenheit kommt selten, nicht anders als es gesellschaftlich üblich ist, vor. Das Trinken ist Gewohnheit geworden, ohne daß Abhängigkeitszeichen auffallen, auch wenn die Verträglichkeit steigt.

In der kritischen Phase steigt die regelmäßig zu trinkende Alkoholmenge weiter. Der Betroffene sucht Trinkmöglichkeiten, Anlässe, ohne Interesse an den Umständen und Mittrinkern zu haben. Die alkoholfreien Zeiten werden immer kürzer, abends wird geradezu als Vorrat für die Nacht der „Alkoholspiegel" etwas angehoben. Am Tag wird immer früher getrunken. Manche steigen von Bier oder Wein auf härtere Getränke um, um nicht soviel Flüssigkeit aufnehmen zu müssen und auch um mit der Alkoholbevorratung und dem Leergut besser zurechtzukommen. Es treten nicht nur Gereiztheit, Unruhe auf, sondern immer unangenehmere Entzugserscheinungen. Zu deren Vermeidung sind Alkoholvorräte, auch heimliche, sehr wichtig.

In der chronischen Phase ist hierbei der Abstinenzverlust typisch. Sinkt der Alkoholspiegel, treten immer schwerere Entzugserscheinungen auf. Der Kranke muß trinken, um sich relativ wohl fühlen zu können. Andererseits ist er bemüht, nicht aufzufallen. Das erfordert die ganze Kraft des Menschen, der in zunehmendem Maße Störungen in allen körperlichen Bereichen und letztlich schwerste Erkrankungen aufweist. Wenn keine spezielle Entgiftungs- und Entwöhnungsbehandlung eingeleitet wird, ist der Zusammenbruch unausweichlich.

Eine andere Einteilung des Verlaufs in Anfangs-, Gewohnheits-, Abhängigkeits- und Entgleisungsphase setzt die Grenzen etwas anders, zeigt aber ebenfalls den oben beschriebenen typischen Verlauf. Die Genesungsphase beginnt an der Stelle, an der sich der Abhängige bewußt entschließt und um anhaltende Abstinenz und Aufbau seiner Persönlichkeit bemüht ist. Der Prozeß der kritischen Selbstwahrnehmung ist für die Betroffenen dieser Verlaufsform oft sehr schwer in Gang zu setzen.

Die Wiederaufhellungsphase kann sich desto länger hinziehen, je fortgeschrittener der Krankheitsprozeß schon ist.

Verborgene Gefahren
in Arznei-
und Gesundheitspflegemitteln?

Arzneimittel in die Nähe von Alkohol zu stellen verwundert zunächst. Viele halten Alkohol für einen angenehmen Begleiter bei Anlässen, die mit Fröhlichkeit, Freude, Ausgelassenheit, Heiterkeit und Geselligkeit verbunden sind. Medikamente sind für uns eher Begleiter in trüben Tagen. Zu ihnen greifen wir, wenn wir uns krank oder unwohl fühlen. Alkohol soll in Stimmung bringen; Medikamente sollen Gesundheitsbeeinträchtigungen und Verstimmungen beseitigen, Beschwerden vertreiben. Hier begegnen sich die Wirkungen von Alkohol und Arzneimitteln: In Stimmung zu versetzen und Mißstimmung zu beseitigen, das bedeutet etwas ähnliches – eine Verbesserung unseres augenblicklichen Befindens.

Anders als beim Alkoholgenuß gibt es keinen gesellschaftlichen Gebrauch von Arznei- und Gesundheitspflegemitteln. Dieser wird auch nicht durch Gruppenverhalten gefördert und ist deshalb wohl auch seltener. Die pharmazeutische Industrie stellt viele hochwirksame Mittel nicht nur gegen Krankheiten, sondern auch gegen vielfältige gesundheitliche Beeinträchtigungen bereit. Früher war die Zurückhaltung vor Medikamenten weit verbreitet. Heute wollen manche Menschen selbst harmlose und kurzzeitige Gesundheitsbeeinträchtigungen nicht mehr ertragen, sondern sich rasche Hilfe durch den Griff zur Tablette verschaffen. Geschieht es selten, bleibt es meist folgenlos, kommt es oft vor, so drückt sich darin eine zunehmende seelische, vielleicht auch schon körperliche Abhängigkeit von dem Mittel aus. Dann sprechen wir in Analogie zum Alkohol von Medikamentenmißbrauch oder Medikamentenabhängigkeit. An die Folgen für seine Gesundheit denkt mancher nicht rechtzeitig. Wie sollte auch das, was nützt, schaden können?

Unsere Betrachtung erstreckt sich auf Arzneimittel, die eine Wirkungsverwandtschaft zum Alkohol haben. Das sind Schlafmittel, Beruhigungsmittel, Entspannungsmittel und auch Schmerzmittel.

In der DDR sind fast alle Medikamente rezeptpflichtig, man kann sie nicht einfach in der Apotheke kaufen. Lediglich wenige schmerzstillende Mittel sind ohne Rezept erhältlich. Mißbrauch und Abhängigkeit konzentrieren sich daher besonders auf sie. Der Arzt kann bei ihnen keine Kontrolle ausüben und nicht vor möglichen Gefahren warnen und schützen, denn er wird vorher kaum gefragt. Alkohol und insbesondere Schlafmittel ähneln sich in ihren Wirkungen oder besser Nebenwirkungen. Dadurch kann man das eine durch das andere ersetzen. Manche nehmen die Mittel im Wechsel, andere steigen auf Dauer von Alkohol auf ein Medikament um, „von der Pulle zur Pille" oder umgekehrt. Dabei muß sich nämlich nicht erst eine krankhafte Abhängigkeit neu ausbilden, sondern die schon bestehende läuft nur weiter oder wird rasch „aufgefrischt".

Ein 34jähriger Patient lebte etwa drei Jahre nach einer stationären Alkoholentwöhnungsbehandlung ohne Alkohol. Dafür benutzte er zunehmend damals noch rezeptfreie Schlafmittel, was seine Arbeitsfähigkeit stark beeinträchtigte. Es wurde festgestellt, daß er pro Woche etwa 25 Packungen seines Schlafmittels brauchte. Versuche, das Geschehen einzudämmen, scheiterten ebenso wie eine stationäre Entwöhnungsbehandlung, die er abbrach. Als der Bezug des Mittels weitgehend unterbunden wurde, wandte er sich wieder dem Alkohol zu. Dabei trank er auch wiederholt Brennspiritus und mußte wegen Vergiftungserscheinungen mehrmals stationär behandelt werden. Das führte zu einem neuen Versuch, die krankhafte Abhängigkeit vom Schlafmittel-Alkohol-Typ durch eine stationäre Entwöhnungsbehandlung zu durchbrechen. Auch dieser Versuch blieb erfolglos.

Die höchste Gefahr liegt in der Kombination von Alkohol mit Arzneimitteln, vielleicht um „wirkungsvollere", „bessere", „interessantere" oder auch billigere „Räusche" hervorzurufen. Doch gefährlich können auch Gesundheitspflegemittel werden, die Alkohol enthalten. Sie spielen oft beim Rückfall eines Abhängigen eine Rolle. So beschrieb ein mehrjährig Abstinenter, daß er seine Gastritis mit Kamillan behandeln sollte und wollte. Zur eigenen Verwunderung habe er das Mittel immer häufiger und konzentrierter (mit weniger Wasser vermischt) zu sich genommen. Dann habe er Kamillan flaschenweise getrunken, bis er wieder bei Trinkalkohol anderer Art gelandet sei.

Es ist gefährlich, wenn Mittel ohne ärztliche Verordnung in überhöhter Dosis oder über lange Zeit genommen werden, auch wenn es in dem Wunsche geschieht, die Arbeitsfähigkeit zu erhalten oder zu fördern.

Beim Medikamentenmißbrauch verlieren die ursprünglichen Mengen rasch ihre Wirkung. Viele Menschen wissen nicht, daß das bei Schlafmitteln schon nach zwei bis drei Wochen der regelmäßigen Einnahme der Fall sein kann. Ein Wechsel des Mittels kann das auch nicht verhindern, die eingenommene Menge muß erhöht werden, um noch eine Wirkung zu erzielen. Das ist Ausdruck einer Toleranzsteigerung, wie sie beim Alkoholmißbrauch beschrieben wurde. Mehrere Faktoren begünstigen den Mißbrauch von Arzneimitteln:

Die Einschaltung des Arztes ist bei der Beschaffung rezeptfreier Mittel nicht erforderlich.
Diese Mittel sind für jeden Erwachsenen in der gewünschten Menge in jeder Apotheke erhältlich und erschwinglich.
Ein Medikamentenrausch ist billiger als ein Alkoholrausch.
Die diesen Medikamenten innewohnende Gefahr wird

nicht rechtzeitig erkannt. Die Rezeptfreiheit begünstigt die falsche Vorstellung, das Mittel müsse harmlos sein, sonst würde es ohne Rezept nicht abgegeben werden. Eine Bindung an ein Medikament erscheint anderen Menschen eher als Folge einer Krankheit oder als Krankheit; eine Bindung an Alkohol bewerten viele als moralisches Versagen.

Die Mittel erwecken den Anschein, sie könnten eine Art „Lebenshilfe" darstellen – aber das glaubt ein Alkoholabhängiger vom Alkohol auch! Tatsächlich untergraben sie die Fähigkeit, das eigene Leben zu meistern. Sie fördern nicht Entschlußfähigkeit und Entscheidungsfreudigkeit. Vielmehr führen sie dazu, daß Entscheidungen hinausgezögert und vielleicht gar nicht mehr getroffen werden. Gleichzeitig entlasten sie Gewissen und Verantwortungsgefühl, weil sie Spannungen vermindern und Gleichgültigkeit fördern. Die psychische Abhängigkeit wird durch die Wirkung unterhalten und vertieft: Gefühle der Gelöstheit, der Geborgenheit, des Rausches werden als Gewinn an Behaglichkeit und als Vermeidung von Unbehaglichkeit erlebt. Das erleichtert den wiederholten Zugriff zum Mittel und überbrückt zunehmend hemmende Vorbehalte. Doch Medikamente ersparen keine Niederlagen und Enttäuschungen im Leben. Sie erleichtern nicht deren Bewältigung, sondern rufen weitere Probleme hervor. Wir halten folgende Warnungen für unumgänglich (s. Übersicht S. 76).

Wenn wir von einer Medikamentenabhängigkeit sprechen, dann liegt psychische und physische Abhängigkeit vor. Sie bestimmen gemeinsam das Krankhafte dieses Geschehens. Entzugserscheinungen treten auf (s. Übersicht S. 47 ff.) und sind ein wesentlicher Grund, daß das Mittel weiter genommen oder durch ein anderes, ähnliches ersetzt wird, weil sich durch Verringerung der Menge oder gar völligen Verzicht das Befinden rasch verschlechtert. Die oft starke psychische Abhängigkeit erschwert die Befreiung von dem Mittel. Die hohe psychische Verletzbarkeit und ausgeprägte psychische

Anhaltende Konflikte
    sind kein Anlaß
        für alkoholische Getränke!

Anhaltende Schlafstörungen
    sind kein Anlaß
        für Schlafmittel!

Anhaltende Schmerzen
    sind kein Anlaß
        für schmerzstillende Mittel!

Anhaltende Angst- und Spannungszustände
    sind kein Anlaß
        für Entspannungsmittel!

Anhaltende Versagens- und Schwächezustände
    sind kein Anlaß
        für Anregungsmittel!

Alle diese Mittel beseitigen
    nur Folgeerscheinungen,
        aber keine Ursachen!

Reizbarkeit nach dem Verzicht hindern den Betroffenen, seinen Lebensschwierigkeiten eigene Bewältigungskräfte entgegenzusetzen. Den Griff zum „bewährten" Mittel erlebt er als seinen „leichteren Weg".

Auch bei Medikamentenabhängigkeit lassen sich zwei Verlaufsformen unterscheiden, die etwa dem Gamma- und Delta-Typ der Alkoholabhängigkeit entsprechen. Während unter unseren Bedingungen das Gamma-Trinken häufiger als das Delta-Trinken ist, ist es bei der Medikamentenabhängigkeit umgekehrt.

Eine Form, bei der Zeiten starker Medikamenteneinnahme mit solchen der Medikamentenfreiheit abwechseln, ist verhältnismäßig selten. Dabei wird das Mittel, etwa wegen aktueller Spannungen, Belastungen, Ängste, Beschwerden in unregelmäßigen Abständen benutzt. Es gibt ein dem Kontrollverlust ähnliches Geschehen, den Medikamentenautomatismus. Der Kranke nimmt zunächst eine kleine Menge seines Medikaments. Nach einiger Zeit wird eine neue, kleinere Menge eingenommen, die die Wirkung verstärkt. Er greift in kurzen Zeitabständen immer wieder, ohne jede Notwendigkeit, vor allem ohne jede Kontrolle, automatisch oder unbewußt zu dem Mittel. Die Einzeldosen summieren sich zu erheblichen Tagesdosen, die schwere Rauschzustände, mitunter lebensgefährliche Vergiftungen bewirken. Bleiben letztere aus, wird nach einer gewissen Einnahmedauer die weitere Zufuhr abgebrochen. Mehr oder minder starke Entzugserscheinungen leiten dann wieder für eine gewisse Zeit in einen medikamentenfreien Zustand über. Aus diesem kann es jederzeit zu einer neuen unkontrollierten Einnahme kommen, die nicht beabsichtigt ist.

Häufiger ist die Form der Medikamentenabhängigkeit, bei der ununterbrochen über längere Zeiträume das Mittel eingenommen wird. Oft wird es nur zum Abend oder zur Nacht benutzt, doch können auch mehrere Einzeldosen über den Tag verteilt werden. Die Menge kann lange Zeit gleich bleiben und wird dann allmählich gesteigert. Lange Zeit wird ein Zustand aufrechterhalten, der weder Medikamentenfreiheit noch Medikamentenvergiftung ist. Er wird als angenehm, nützlich, erstrebenswert empfunden und soll möglichst unverändert bleiben. Er dient — ähnlich wie das Trinken entsprechend des Delta-Typs — der Aufrechterhaltung von Arbeits- und Handlungsfähigkeit bei gleichzeitiger Abschirmung vor belastenden Umwelteinflüssen. Die Leistungsfähigkeit wird allmählich beeinträchtigt, die Persönlichkeit in Mitleidenschaft gezogen und die Gesundheit geschädigt. Da die Einsicht in das Krankhafte im wesentlichen fehlt und beim Verringern der gewohnten Menge unangenehme Entzugserscheinungen auftreten, bemüht sich der Betroffene oft gar nicht, dieses gefährliche Tun aufzugeben.

Wie beim Delta-Typ der Alkoholabhängigkeit lassen sich mehrere Phasen unterscheiden, die aufeinander folgen. Da eine Arzneimittelabhängigkeit insgesamt rascher als eine Alkoholabhängigkeit verläuft, werden auch ihre Phasen rascher durchlaufen. Wir wollen die

Phasen der Schlafmittelabhängigkeit, die wir ausführlich beschreiben, folgendermaßen benennen: Anfangsphase, Gewohnheitsphase, Abhängigkeitsphase und Entgleisungsphase. An sie schließt eine Genesungsphase an.

Wenn bei lästigen Schlafstörungen, bei Lebensproblemen, etwa bei Schwierigkeiten mit dem Partner, im Beruf, bei Unruhe und Angst, zu Schlafmitteln gegriffen wird, kann die Anfangsphase einer Schlafmittelabhängigkeit beginnen. Das „bewährte" Mittel wird weiter eingesetzt, wenn die Probleme bestehen bleiben, Unruhe und Angst weiter wirken und auch den Schlaf beeinträchtigen.

Wenn die ursprüngliche Menge nicht mehr ausreichend wirkt, wird sie erhöht. Auch ein Wechsel zu einem anderen Mittel kann das nicht verhindern. Wird das Mittel schon über einige Zeit eingenommen, ist es vielleicht auch durch ein anderes, ähnlich wirkendes ersetzt worden, liegt eine Gewohnheitsphase vor. Der Organismus hat sich an das Mittel gewöhnt, er benötigt es bereits in höher werdender Dosis. Der Betroffene meint, ohne sein Mittel könne er nicht auskommen, er brauche es einfach. Sein Streben konzentriert sich mehr und mehr darauf. Die psychische Abhängigkeit prägt sich aus.

In der Abhängigkeitsphase liegt die Tagesmenge weit über der in der Medizin eingesetzten, mitunter beträgt sie das Zehnfache, in manchen Fällen selbst das Dreißigfache der Ausgangsdosis. Die Gesamtmenge wird dabei auf mehrere oder viele Einzeldosen verteilt. Nicht selten kommt es zu sogenannten paradoxen Wirkungen, die der Betroffene als besonders erwünscht erlebt. Statt durch ein Schlafmittel schläfrig zu werden, fühlt er sich angeregt, erlebt eine angenehme Stimmung, fühlt sich subjektiv leistungsstark. Wird versucht, die Medikamentenmenge einzuschränken, oder verknappt das Mittel aus äußeren Gründen, dann treten als Ausdruck der physischen Abhängigkeit starke Entzugserscheinungen mit mitunter lebensgefährlichen Krankheitsbildern auf. Die Entgleisungsphase schließt diese Krankheitsentwicklung ab, wenn nicht zuvor schon eine Behandlung das Geschehen beendet. Unter dem ständigen Einfluß des Mittels und den anhaltenden oder gar noch zunehmenden äußeren und inneren Belastungen kommt es zum psychischen, körperlichen, aber auch sozialen Zusammenbruch. Verlangsamung, Schwunglosigkeit, Abstumpfung, mißmutige Verstimmungen, selbst Bewußtseinstrübungen vorübergehender Art beherrschen das Geschehen. Schwäche, Abmagerung, vermehrte Krankheitsanfälligkeit weisen auf die körperliche Beeinträchtigung hin. Konflikte mit dem sozialen Umfeld häufen sich, da familiäre und berufliche Pflichten gleichgültig und vernachlässigt werden. Dies führt zum Verlust der Familie, des Arbeitsplatzes, zu wachsender Hilflosigkeit, zur Verwahrlosung und anderem. Das verläuft wie bei einer Alkoholabhängigkeit mit zwischenzeitlichen Besserungen und plötzlichen Verschlechterungen. Dabei werden die Folgen immer ausgeprägter, schwerwiegender.

Für die Genesungsphase trifft zu, was für die nachalkoholische Phase gesagt worden ist. Die Genesung verläuft sehr langsam. Nur die akuten Folgen einer Medikamentenvergiftung sind verhältnismäßig rasch zu überwinden. Die psychische Bindung an das Mittel wird nur zögernd aufgelöst. Das verlangt nicht nur Bemühungen der Therapeuten, sondern vor allem anhaltende Anstrengungen des Betroffenen.

Fortschreitender Krankheitsprozeß, Besserung, Rückfall ...

Progredienz bedeutet das Fortschreiten der chronisch verlaufenden Krankheit. Die Erfahrungen zeigen sehr deutlich, daß es einem Abhängigen nicht gelingt, sich wieder von seiner Krankheit zu befreien. Was für viele Krankheiten gilt, daß sie im Ergebnis der Behandlung und manchmal sogar ohne eine solche spur- und folgenlos verschwinden, trifft auf die Abhängigkeiten nicht zu; sie sind nicht „heilbar". Das ist zunächst eine bittere Wahrheit, aber kein Anlaß zum Verzweifeln: Es bedeutet nicht, daß man der Krankheit hoffnungslos ausgesetzt ist, ihr unterliegen muß, ihr gegenüber machtlos bleibt, sich ihren Folgen nicht entziehen kann! Das Denkschema „Unheilbarkeit bedeutet, nichts gegen die Krankheit tun zu können!" ist falsch. Wir kennen andere Krankheiten, die ebenfalls „unheilbar" sind. Sie „flammen" mitunter auf, beeinträchtigen das Wohlbefinden, können schwere Folgen bewirken und doch wieder „erlöschen", weitgehend schwinden, fast unerkennbar werden. Damit ist keine Sicherheit gewonnen, daß sie nicht wieder plötzlich hervorbrechen. Sie verlaufen in der Regel äußerst langwierig; Zeiten, in denen sie „aktiv" sind, und solche, in denen sie „passiv" schlummern, wechseln einander ab. Mitunter sind auslösende Ursachen für das Wiederaufleben bekannt, d. h., daß ein neuer Krankheitsausbruch verhindert werden kann, wenn die Gefahr gemieden wird. Das trifft auch auf die Abhängigkeitskrankheiten zu. Sie zeigen ein allmähliches, anfangs nur langsames und deshalb schwer erkennbares, später rascheres und leichter wahrnehmbares Fortschreiten von einfachen zu schweren, von frühen zu entwickelten, von

„keimenden" zu ausgebildeten Krankheitsstadien oder -phasen. Dieser Ablauf ist gesetzmäßig. Er trifft auf die seltenen Arzneimittelabhängigkeiten ebenso wie auf Alkoholabhängigkeiten zu. Erstere verlaufen rascher. Die Entstehung der späteren Phasen aus den früheren läßt sich nicht vermeiden, wenn keine Behandlung aufgenommen wird. Es besteht sogar Grund zu der Annahme, daß ein zeitweiliger, selbst langandauernder Verzicht auf das Mittel dieses Fortschreiten nicht aufhält. Viele Erfahrungen sprechen dafür, daß sich die Krankheit selbst dann gesetzmäßig durch ihre Stadien entwickelt hat, wenn der Kranke nach längerer Zeit wieder trinkt oder ein Mittel nimmt. Der dadurch erneut wahrnehmbare Verlauf erscheint als besonders schlimm, es ist, als werde in kürzester Frist nachgeholt, was durch den zeitweiligen Verzicht ausgeblieben war.

Selbst wenn diese Aussage nicht für alle Abhängigen zutreffen sollte, bleibt es unbestreitbar, daß sich das Geschehen während des Trinkens, während der Zeiten der Mitteleinnahme eindeutig zu schlimmeren Formen hin entwickelt.

Die Abstinenz, der bewußt angestrebte und aufrechterhaltene neue Zustand, die „trockene Phase" des Krankheitsverlaufs, erweist sich nicht als echte Heilung, mit der die verlorengegangene Fähigkeit eines nichtkrankhaften Trinkens wiederhergestellt wird. Sie ist ein Abschnitt in dem lebenslangen Krankheitsverlauf, in dem die äußeren Erscheinungen der Krankheit schwinden, unerkennbar werden und sich die Folgen der Krankheit weitgehend oder völlig zurückbilden. Frei von Gefahren ist diese Phase nicht. Die Rückfallneigung wird nur sehr allmählich geringer. Verlöre man die Gefahr aus dem Auge, könnte nach einem Rückfall die Krankheit wie ehemals und sogar verstärkt aufflammen und fortschreiten. Ein neuer Abstinenzversuch fiele schwerer.

Gibt es *Remissionen* – vorübergehende Besserungen im Verlaufe des Krankheitsprozesses? Es gibt so etwas, ohne daß sich dafür ein bestimmter Grund finden läßt. Remissionen treten spontan, nicht allzu häufig auf. Öfter wird der Kranke sich bewußt zum (vorübergehenden) Alkoholverzicht entschließen. Ursache können etwa weitreichende Folgen seines Trinkens an seiner Gesundheit, für die familiär-häuslichen Beziehungen, im Arbeitsbereich sein. „Ich werde euch beweisen, daß ich keinen Alkohol brauche. Ich werde nicht mehr trinken!" äußern viele Alkoholabhängige und verwirklichen es mehr oder weniger gut. Manche legen sogar lange Trinkpausen ein. Oft setzen sie das mit einer Heilung gleich. Daß alles beim alten geblieben ist, wird dann deutlich, wenn dem Wunsch nach „einem kleinen Bier", nach „einem Schlückchen in Gesellschaft" ein neues unbeherrschtes Trinken folgt, das gar nicht beabsichtigt war.

Die Remission ist eine Zeit scheinbarer Ruhe, eines Stillstandes des Geschehens, einer Besserung des Zustandes, obwohl die Krankheit weiter „auf der Lauer liegt". Bewußte und unbewußte, innere und äußere Faktoren können die Remission auslösen. Besonders beim Gamma-Verlauf der Alkoholabhängigkeit ist das nicht selten. Der Kranke bleibt in der Lage, gar nicht zu trinken, solange er noch nüchtern ist. Soziale Verschlechterungen können sich begünstigend auf den vorübergehenden Alkoholverzicht auswirken. Auch beim Delta-Verlauf kann es zu längeren Trinkpausen kommen. Oft wirkt der Wunsch, Folgekrankheiten zu vermeiden, in dieser Richtung. Arzneimittelabhängige sind ebenfalls zu solchem Verzicht fähig.

Remissionen sind auch ohne Behandlung und Betreuung möglich — überflüssig machen sie sie nicht. Zu hoffen, daß irgendwann von selbst eine Besserung eintritt, ist nicht sehr hilfreich. Eine vorübergehende Remission können wir als *Karenz* im Unterschied zur anhaltenden *Abstinenz* bezeichnen.

Am Anfang einer Remission wird ein „nervöser Schwächezustand" durchlebt. Unzufriedenheit, Mißmut, Gereiztheit, Leistungseinbußen, Versagensängste bewirken eine eher pessimistische Grundstimmung. Es besteht eine erhöhte Reizbarkeit und leichte Erschöpfbarkeit, die sich in unberechenbarem, explosiblem Verhalten äußern kann. Der Kranke hat auf ein Mittel verzichtet, das ihm das Leben scheinbar erträglicher und schöner gemacht hat. Das fällt ihm sehr schwer. Daneben können sich verschiedene funktionelle Störungen einstellen, die keine organischen Ursachen haben. Sie können als schwere Krankheiten erlebt und auch überbewertet werden. Sucht der Patient deshalb ärztliche Hilfe, müssen die Zusammenhänge mit seiner Abhängigkeitserkrankung und Karenz bzw. Abstinenz unbedingt erkannt werden. Der Kranke kann es als beängstigend empfinden, daß er immer wieder von Ärzten als „gesund" angesehen wird, obwohl er sich doch krank fühlt. Angst oder Verzweiflung können sich verstärken und in ein neues Trinken (oder „Pillen") einmünden. Da solche wiederholt auftretenden oder lange anhaltenden funktionellen Beschwerden eine erhebliche seelische Belastung darstellen, sollte ein Abhängiger um die Möglichkeit ebenso wissen wie um das Entzugssyndrom. Das Wissen fördert seine Einstellung: „Das gibt es, ich weiß darüber Bescheid. Für mich ist es kein Grund, wieder zu trinken oder etwas einzunehmen."

Rezidive – das sind Verschlechterungen im Krankheitsbild, Zeiten des aktiven Fortschreitens der Krankheit, sind Rückfälle, die nach scheinbarer Besserung oder Abstinenz auftreten. Rezidive bei Alkohol- und Medikamentenabhängigen sollen weder unterschätzt noch überbewertet werden. Man muß um sie wissen, sie richtig einordnen, sich auf sie einstellen, sie analysieren. Gefährlich ist, die Möglichkeit des Rückfalls nicht wahrhaben zu wollen, schlecht ist, ihn zum Anlaß zu nehmen, „alles laufen zu lassen", sich gehen, d. h. den Krankheitsprozeß fortschreiten zu lassen. Über den Rückfall Bescheid zu wissen bedeutet nicht, daß man ihn immer verhindern kann, wohl aber, daß man rasch etwas gegen ihn unternehmen muß, um schlimme Folgen zu vermeiden. Rezidive sind auch kein Beweis für eine fehlende Bereitschaft zur dauerhaften Abstinenz. Auch abstinenzbereite Patienten sind vor Rückfällen nicht geschützt. Denn im Wesen der Abhängigkeiten liegt eine hohe Rezidivneigung.

In der ersten Zeit der Abstinenz kommt es oft zu Überlegungen, ob man nicht doch „wie andere" trinken, ob die Diagnose der Abhängigkeit nicht falsch sein könnte. Das führt dazu, es zu versuchen. Das Scheitern stützt die nützliche Erkenntnis, daß neues Trinken neue Schwierigkeiten bewirkt. Die Einstellung zum Alkohol, zu Arzneimitteln ist zwiespältig: Einerseits ist die Gefährlichkeit des Mittels schon erkannt, andererseits ist die seelische Bindung an seine geschätzten Wirkungen noch sehr eng. Daraus können neue und wieder vergebliche Versuche resultieren, „bessere" Trinkformen zu finden. Oft setzt sich erst danach eine ungeschminkte Beurteilung der Lage durch, womit die Abstinenz erfolgreicher verwirklicht werden kann.

Mitunter werden „Prärezidive" und „Rezidive", d. h. „Ausrutscher" und „Abrutscher" voneinander unterschieden. Erstere sind nicht voll ausgebildet, verlaufen schwächer und rascher als die anderen, schweren und anhaltenden Rückfälle. Vor allem abstinenzerfahrene Alkoholabhängige warnen vor einer solchen Unterscheidung, weil sie Anlaß sein kann, den Rückfall zum „Ausrutscher" herunterzuspielen, ihn zu verharmlosen. „Ich habe mein Trinken doch noch voll im Griff gehabt" ist eine Auffassung nach einem komplikationsarmen Rückfall, die die Auseinandersetzung damit erschwert. Viel eindeutiger ist dagegen die Haltung, daß mit dem „ersten Schluck" der Rückfall stattgefunden hat und als solcher bewertet wird. Vier Gründe sind es vor allem, die zur Erklärung der Alkoholrückfälle herangezogen werden:

1. Die Abstinenz unterdrückt nur die physische Abhängigkeit, die psychische besteht weiter und kann jederzeit wieder wirksam werden.
2. Unspezifische Einflüsse (Überarbeitung, Belastungen, chronische Entzugssyndrome, Verführungs- und

Übersicht 23:

Rückfallbegünstigende und -auslösende Faktoren

(1) Äußere auslösende Bedingungen (Belastungen, Über- und Unterforderungen, Konflikte, andere Krankheiten u.ä.)

(2) Situative Momente (etwa die Furcht, andere durch die Ablehnung alkoholischer Getränke zu verletzen, Überredungen zu neuem Trinken)

(3) Ungenügende Erfahrungen, wie Belastungssituationen ohne Alkohol bewältigt werden können

(4) Überlegungen, daß das Trinken eine Belastungssituation wie früher erträglicher gestalten kann

(5) Wiederholt auftretende Entzugserscheinungen auch ohne vorangegangenen Alkoholgebrauch (voll entwickeltes oder abgeschwächtes chronisches Entzugssyndrom)

(6) Veränderte psychische Reaktionsfähigkeit im Sinne leichterer Reizbarkeit und erhöhter Empfindlichkeit (Verletzbarkeit)

(7) Fehlende aktive Bemühungen zur Auseinandersetzung mit der eigenen Abhängigkeit und ihrer Bewältigung

(8) Persönlichkeitsbesonderheiten verschiedener Art, die die Lösung aus der Abhängigkeit erschweren

(9) Stimmungsschwankungen, die in der Persönlichkeit liegen oder die durch begleitende Störungen oder Krankheiten hervorgerufen werden

(10) Ungenügende Behandlungsdauer oder unterbrochene oder abgebrochene Behandlungen

(11) Bemühungen um ein sozial angepaßtes oder „kontrolliertes" Trinken, d.h. die gewollte, aber vergebliche Suche nach „anderen" oder „besseren" Trinkmethoden

(12) Versuche, festzustellen, ob die therapeutische Auffassung des lebenslangen Nicht-mehr-trinken-Könnens falsch oder ein Verzicht auf bestimmte abstinenzbegleitende und -stützende Maßnahmen (etwa eine Disulfirambehandlung) doch möglich sein könnte

Verleitungssituationen, negative Umwelteinflüsse u. a.) können das frühere Trinkverhalten wieder aufflammen lassen.

3. Die Erfahrungen aus der langen Trinkzeit sind fester verankert und verhaltensbestimmender als die aus der oft erst sehr kurzen Abstinenzzeit. Diese ist vor allem auch durch eine hohe gemütsmäßige Unsicherheit gekennzeichnet.

4. Rezidive können schon durch kleinste Alkoholmen-

gen, durch den „ersten Schluck", ausgelöst werden. Die Abstinenzdauer hat keinen Einfluß auf ihre Entstehung, Länge, Schwere und Folgen. Sie verlaufen nach längerer Abstinenzzeit nicht etwa leichter!

Besonders gefährlich ist es, wenn sich das Erscheinungsbild nicht gleich bei der Wiederaufnahme des Trinkens oder bei erneuter Mitteleinnahme einstellt, sondern erst nach und nach entwickelt. Der Kranke kann das zunächst als Bestätigung erleben, daß er trinken könne, ohne Probleme damit zu bekommen. Die Erkenntnis, daß er wieder „voll im Stoff" ist, nicht mehr aufhören kann, kommt oft sehr spät, und ohne fremde Hilfe ist der Rückweg in die Abstinenz dann schwer. Einige wesentliche Ursachen für Rückfälle – vollständig ist die Liste sicher nicht – haben wir in einer Übersicht (s. S. 85) zusammengestellt.

Abstinenz
als Bereitschaft zum Verzicht

Wenn auch die Fähigkeit zu mäßigem, unauffälligem, sozial angepaßtem Trinken bzw. zum ungefährlichen Umgang mit Arzneimitteln nicht wiedergewonnen werden kann, so sind soziale, psychische und körperliche Krankheitserscheinungen bei rechtzeitiger Behandlung rückbildungsfähig, wenn Abstinenz erreicht wird.

Abstinenz ist der bewußte Verzicht auf jede Alkohol- und jede unbegründete Medikamenteneinnahme. Abstinenz ist der einzige Weg, der Ausweg aus der Krankheit.

Sie ist die Voraussetzung für die gesundheitliche, familiäre und berufliche Rehabilitation. Abstinenz kann verwirklicht werden, ist erreichbar, stellt kein unmögliches Ziel dar. Die Erkenntnis, alkohol- oder medikamentenabhängig zu sein, schafft die Voraussetzung, auf krankheitsauslösende und -unterhaltende Mittel zu verzichten. Das ist kein erzwungener Verzicht mehr, sondern ein bewußter, angestrebter, kein Opfer, sondern eine Notwendigkeit. Aus dem „Du darfst nicht!" entwickelt sich die Haltung „Ich will nicht!" und die Erkenntnis „Ich brauche das Mittel (Alkohol oder wirkungsähnliche Arzneimittel) nicht!" So dient die Abhängigkeit nicht zur Rechtfertigung für das Weitermachen, sondern wird zur Voraussetzung für das Schlußmachen. Der Leitspruch von Abhängigen „Es ist keine Schande, krank zu sein, aber es ist eine Schande, nichts dagegen zu tun!" bringt dies zum Ausdruck. Das Ziel jeder Behandlung besteht darin, dem Abhängigen die Notwendigkeit der Abstinenz zu verdeutlichen, ihn von ihrer Möglichkeit zu überzeugen und ihn auf sie vorzubereiten. Jeder Zweifel an dieser konsequenten therapeutischen Hauptforderung erschwert und beeinträchtigt die Behandlung und führt unweigerlich zu Rückfällen und neuen Gefährdungen für Gesundheit und Persönlichkeit.

Zwar waren in den letzten Jahren Therapieziele und Behandlungsmethoden verstärkt Gegenstand wissenschaftlicher Auseinandersetzungen, doch fand sich bisher noch kein vertretbares anderes Behandlungsziel. Der mäßige Gebrauch von alkoholischen Getränken auf kulturvolle Art zur Erhöhung von Lebensfreude und -genuß wird überall gutgeheißen. Der Abstinente muß somit in einer trinkfreudigen Umwelt eine Außenseiterposition einnehmen. Es ist der Preis, den er für seine Gesundheit zahlt. Leicht ist es anfangs nicht. Das begünstigte Überlegungen, Alkoholkranken zu einem angepaßten Trinken zu verhelfen. In den USA erschienen Ende der sechziger Jahre Arbeiten, wonach mit bestimmten Techniken ein „kontrolliertes" Trinken erlernt werden könnte. Dadurch sollte die Anpassung an die Umwelt erleichtert werden. Es sollte auch diejenigen, die sich noch nicht so schwer abhängig fühlten, zu einem früheren Behandlungsbeginn ermutigen. In jüngster Zeit durchgeführte Nachuntersuchungen erschütterten die Glaubwürdigkeit mitgeteilter Erfolge erheblich und wiesen auf krasse Fehler bei Planung, Durchführung, Auswertung und Verallgemeinerung hin. Viele vergeblich Heilung suchende Kranke wurden zeitweilig erheblich verunsichert und auf einen falschen Weg gewiesen. Wir halten jede Behandlung für gefährlich, die vorgibt, Abhängigen den willensmäßig kontrollierten, beherrschten, ungefährlichen Gebrauch ihres Mittels auf Dauer zu ermöglichen. Solche Versuche enden mit schweren Enttäuschungen und Verzweiflung, und sie belasten die Vertrauensbasis, ohne die keine Behandlung erfolgreich sein kann. Wir wollen unsere Gründe gegen einen sogenannten dritten Weg und für die Unabdingbarkeit der Abstinenz darlegen.

Die Annahme, daß Alkoholabhängige Art und Menge des genossenen Alkohols nicht ausreichend hinsichtlich der Wirkung einschätzen, dies aber durch eine Behandlung lernen können, ist falsch. Das ist nicht ein Problem der

Abhängigen, sondern der Menschen, die nur selten trinken. Abhängigen nützt es nicht zu lernen, mit Alkohol bewußt umzugehen, da sie dies schon immer mehr oder weniger beherrschten. Ihr Problem ist die Unfähigkeit, das Trinken rechtzeitig abzubrechen oder zu unterlassen, nicht die Unfähigkeit, ihren „Rausch" bewußt wahrzunehmen und zu bewerten.

Die Vermutung, daß Alkoholabhängige lernen können, ab einer bestimmten (geringen) Menge nicht weiterzutrinken, wenn ihr „planmäßiges" Aufhören anerkannt und „belohnt" würde, ist falsch. Es gibt keine Wirkungen, die unter bestimmten Bedingungen stärker sind als die, die Abhängige unmittelbar vom Alkohol erwarten. Es hängt von ihrem Befinden und den situativen Bedingungen ab, wie sie sich verhalten. Unter Alltagsbedingungen wird ihr Verhalten anders gesteuert als unter „Laborbedingungen".

Daran kann auch durch wiederholte Abschreckung oder „Bestrafung" (etwa Übelkeit, Schmerz, Entzug angenehmer Bedingungen) nichts geändert werden. Abhängige sind an vorübergehende unangenehme Zustände oder Folgen ihres Trinkens gewöhnt. Dennoch scheinen sie in der Hoffnung weiterzutrinken, sie könnten die erwünschte Wirkung doch erreichen oder die unangenehme Situation erträglicher gestalten. Das unangemessene Trinkverhalten wird auch durch Abschreckung nicht geändert.

Überlegungen, daß Angst vor den Folgen übermäßigen Trinkens zum rechtzeitigen Trinkabbruch führen könne, sind ebenfalls falsch. Behält der Abhängige die Kontrolle über sein Trinken – bei der Eigenart des Kontrollverlustes ist das nicht sicher vorherzusagen, aber möglich –, kann Angst sogar abgebaut werden. Entspannung und Erleichterung können dann später in ein entgleisendes Trinken einmünden, das nicht aufzuhalten ist.

Manche Therapieansätze haben wesentliche Alltagsbedingungen für das Trinken außer acht gelassen. So wächst unter dem Einfluß von Alkohol normalerweise die

Risikobereitschaft; sie kann ein Weitertrinken auslösen.

Einige Vorstellungen gingen davon aus, daß das Einüben eines durch stetige Willensanspannung kontrollierten Trinkens als Form geselligen Trinkens möglich und sogar wünschenswert wäre. Doch geselliges Trinken ist kein ständig kontrolliertes Trinken. Abhängige haben solches Trinken meist schon erprobt und als unangenehm, anstrengend, qualvoll erlebt. Gesellige Anlässe bewältigen sie übrigens häufig problemlos ohne Alkohol. Sie streben eher nach Trinksituationen, in denen Kontroll- und Selbstkontrollmöglichkeiten ausgeschaltet bleiben, sie sich gehenlassen können. Dadurch brechen sie mit ihrem Trinken ebenso häufig ein, wie sie versprechen, daß es nie wieder vorkommen wird.

Mitunter wird es als Therapieerfolg angesehen, wenn nicht mehr jedes Trinken zum krankhaften Weitertrinken führt. Das ist falsch, denn es ist kein echtes Kriterium. Im Verlauf einer Alkoholabhängigkeit wird über lange Zeit sowohl angepaßt wie entgleist getrunken, ohne daß jeweils vorherzusehen ist, was geschieht. Entgleistes Trinken wird allerdings immer häufiger. Da schon einmaliges „Versagen" zu schweren sozialen Folgen führen kann, kann kein Therapeut die Verantwortung für eine Behandlung übernehmen, deren Folgen er dem Patienten nicht abnehmen kann.

Aus all diesen Gründen sehen wir die Abstinenz als Therapievoraussetzung und gleichzeitig als Therapieziel an. Sie allein bedeutet für einen Abhängigen Risikofreiheit. Sie muß für ihn den Makel des Aufgezwungenen verlieren und zu einem von ihm bewußt gewählten und gestalteten Verhalten werden, das ihn befähigt, mit seiner Krankheit zu leben, ohne ihr Sklave zu sein.

Der Abhängige erlebt die Abstinenz zunächst als so einschneidende Maßnahme, daß er gegen sie oft offen oder verdeckt auftritt. Eine vorurteilsfreie Betrachtung seines Verhaltens und dessen Folgen, die Vermittlung von Methoden zur Selbstkontrolle und eine allmähliche Einstellungsänderung gehören zu den Behandlungs-

und Betreuungsmaßnahmen. Sie verlangen viel Geduld und gegenseitiges Verständnis. Dabei entwickelt sich der abstinent lebende Abhängige wieder zu einem bedingt gesunden und voll im Leben stehenden Menschen. Die Rehabilitation hat nicht nur einen humanitären, medizinischen und sozialen, sondern auch einen wichtigen ideologischen und ökonomischen Aspekt.

Die Motivation zur Behandlung ist entscheidend. Sie hängt weitgehend vom Ausmaß des sozialen oder Leidensdruckes ab. Darunter wird die Fähigkeit zur Selbstreflexion, zur gefühlsmäßigen Bewertung des eigenen Befindens und der eigenen Lage verstanden, die den dringenden Wunsch nach Veränderung und Hoffnung auf Hilfe weckt. Fremdeinflüsse können die Motivation unterstützen, doch reichen sie ohne die Einsicht des Kranken nicht aus. Je mehr Versuche, Trinken oder Mittelgebrauch zu mäßigen oder zeitweilig einzustellen, gescheitert sind, desto größer wird der Leidensdruck. Er wird durch Störungen zur sozialen Umwelt, das Erleben schwerer Entzugserscheinungen, das Auftreten von Folgeerkrankungen gefördert. Beginnt der Betroffene, die Zusammenhänge zwischen Lebensschwierigkeiten und Mittel „Droge" zu erkennen, dann wächst allmählich seine Abstinenzbereitschaft. Das ermöglicht ihm den Aufbau persönlicher Abstinenzstrategien. Er erarbeitet sich schließlich ein neues Lebenskonzept, in dem das bisherige Mittel keinen Platz mehr hat. Behandlungsmotivation, Krankheitseinsicht und Behandlungsbereitschaft müssen wenigstens in Ansätzen vorhanden sein, wenn die Behandlung erfolgreich verlaufen soll. Sind sie trotz Hilfestellungen nicht zu entwickeln, dann ist eine Behandlung zu diesem Zeitpunkt zwecklos. Das Behandlungsangebot muß dann zu einem späteren Zeitpunkt wiederholt werden, wenn der Patient eher bilanzierend über sein Leben und seine Perspektiven nachdenken will.

Der Kranke muß das Entscheidende gegen seine Krankheit selbst tun! Er muß sich aus seiner Selbsttäuschung befreien und anerkennen, daß er abhängig ist und zur Genesung der Abstinenz bedarf. Diese kann nur er verwirklichen! Hält er sie ein, handelt er vernünftig. Er hat dann das Wesen seiner Krankheit erkannt und richtet sein Verhalten darauf ein. Gibt er die Abstinenz leichtfertig auf, dann nimmt die Krankheit ihren Fortgang; was er erreicht und aufgebaut hat, zerstört er dadurch. Eine Gruppe abstinenter Kranker bringt das deutlich zum Ausdruck, wenn sie ihr Anliegen so formuliert: „Abstinenz ist nicht alles, aber ohne Abstinenz ist alles nichts!" So ist es kein Widerspruch, in der Abstinenz gleichzeitig die grundlegende Voraussetzung und das Ziel der Behandlung zu sehen.

Hilfen für Abhängige

Dem Abhängigen fällt es nicht etwa immer leicht, angebotene Hilfen anzunehmen.

Alkohol- und Medikamentenmißbrauch ist mit der sozialistischen Lebensweise unvereinbar. Das ist eine bekannte und auch richtige Auffassung. Im Kampf gegen Formen des Mißbrauchs als eine gesamtgesellschaftliche Aufgabe können falsche Bewertungen und Abwertungen der Abhängigkeiten und der Betroffenen nicht völlig ausgeschlossen werden. Für den Abhängigen liegt hierin eine Gefahr, da er nicht grundsätzlich in anderen Wertmaßstäben denkt als seine spezifische Umwelt. Ihm muß es desto belastender erscheinen, je stärker er noch gesellschaftlich eingeordnet, engagiert und anerkannt ist, ein „Alkoholiker" oder ein „Süchtiger" zu sein. Er empfindet sich möglicherweise als „unmoralisch". Auch wenn er es als Krankheit ansieht, ist er nicht frei von der Vorstellung, sie selbst verschuldet zu haben. Er orientiert sich an den Vorurteilen, die das Denken vieler Menschen beherrschen, und deswegen scheut er die Annahme von Hilfen.

Aus traditionellen Gründen, aber auch einer Empfehlung der Weltgesundheitsorganisation entsprechend, findet in der DDR die Entwöhnungsbehandlung fast ausnahmslos in ambulanten und stationären psychiatrischen Einrichtungen statt. In den letzten Jahren sind eine Reihe von speziellen Beratungsstellen, von Dispensaires, von Stationen, Abteilungen und Kliniken für diese Behandlung geschaffen worden. (Einen Überblick über die vielfältigen Möglichkeiten für diese Behandlung gibt die Übersicht [s. S. 94]).

Die Empfehlung einer Behandlung in einer psychiatrischen Einrichtung kann unter Umständen dazu führen, daß ein durch Alkohol oder Medikamente Gefährdeter,

Übersicht 24:
Therapieformen

1.   Ambulante Aktivitäten
1.1.   Vortherapeutische Aktivitäten
       Aufklärung
       Beratung
1.2.   Therapeutische Aktivitäten
       Vorbereitung stationärer Entwöhnungsbehandlungen
       Durchführung ambulanter Entwöhnungsbehandlungen
       Nachsorge stationärer Entwöhnungsbehandlungen
       Kriseninterventionen
1.3.   Begleitende Aktivitäten
       Ambulante Langzeitbegleitung und -betreuung
       Abstinenzgruppen und -klubs zur gegenseitigen und
       Selbsthilfe

2.   Halbstationäre Aktivitäten
2.1.   Tagesklinische Behandlungen
       Behandlungen zur Einstimmung und Vorbereitung der Ent-
       wöhnungsbehandlung
       Behandlungen bei Kriseninterventionen
2.2.   Nachtklinische Behandlungen
       Rehabilitationsmaßnahme nach stationärer Behandlung
       Rehabilitationsmaßnahme nach Krisenintervention

3.   Stationäre Aktivitäten
3.1.   Vorstationäre Aktivitäten
       Dispensaireberatung und -behandlung
       Einstimmung, Vorbereitung stationärer Entwöhnungsbe-
       handlung
3.2.   Therapeutische Aktivitäten
       Stationäre Entwöhnungsbehandlungen
       Stationäre Langzeitbetreuung
       Stationäre Kriseninterventionen bei akuten Intoxikationen,
       bei Alkoholentzugssyndromen, bei alkoholbedingten
       Folge- und Begleitkrankheiten, desgleichen bei medika-
       mentenbedingten Entzugssyndromen und Krankheiten
3.3.   Nachsorge stationärer Entwöhnungsbehandlungen
       Stationäre Dispensairebetreuung
       Abstinenzgruppen und -klubs

vielleicht Abhängiger, diese Hilfe scheut, da er um keinen Preis den Eindruck erwecken möchte, ein „Verrück-
ter" zu sein. Der in seinen Selbstwertgefühlen ohnehin
beeinträchtigte Abhängige glaubt, eine solche „Abstem-

pelung" nicht ertragen zu können. Darin wird er nicht selten von Angehörigen unterstützt, die es ebenfalls als belastend empfinden, daß er in einem „Irrenhaus" behandelt werden soll.

Dadurch wird sehr häufig die frühzeitige Behandlung verzögert. Gegen die unauffälligere ambulante Behandlung sind die Bedenken weniger ausgeprägt. Das ist einer von vielen Gründen, die für den raschen Aufbau eines ambulanten Behandlungsnetzes sprechen.

Jedoch ohne eine aktive Änderung der Lebens- und Trinkgewohnheiten eines Menschen werden keine anhaltenden Erfolge erreicht werden können.

Oft erwartet der Kranke eine Hilfe, der er sich zwar willig, aber ohne eigene Aktivitäten unterwerfen möchte. Er würde sich mit einer Verringerung seiner Schwierigkeiten, mit Teilzielen, begnügen, weil er sich nicht allen Konsequenzen seiner krankhaften Abhängigkeit stellen will. Eine große Anzahl von Abhängigen versucht, sich solange aus dem Blickfeld Hilfeleistender zu halten, bis es zu erheblichen gesundheitlichen Beeinträchtigungen und zu sozialen Komplikationen gekommen ist. Dann erwarten sie eine Hilfe, die ihnen ein problemloses Weitertrinken ermöglichen soll. Solche Hilfe können sie nicht erhalten. Dadurch entbehrt die Begegnung in der Sprechstunde oft des vertrauensvollen Charakters einer ungestörten Patient-Therapeut-Beziehung. Beschönigende Selbstdarstellungen und Verniedlichungen der Trinkmengen sind für Abhängige charakteristisch. Die oft raffinierten Abwehrformen sind für den Therapeuten ebenso schwer zu erkennen wie zu ertragen. Die ablehnende Einstellung zur Behandlung kann durch eine Scheinanpassung überdeckt sein. Es imponiert ein formal angepaßtes Verhalten aus Gründen der Bequemlichkeit und des Vermeidens von Auseinandersetzungen. Solange kein ausreichender Leidens- oder sozialer Druck entsteht, wird eine Behandlung noch gar nicht ernsthaft erwogen. Das verleugnende Verhalten wird eher als nützlich angesehen und fortgesetzt.

Wird aber ein rechtzeitiger Behandlungstermin verpaßt, dann verschlechtern sich die Erfolgsaussichten deutlich: möglicherweise bahnt sich so ein Mißerfolg an. Nicht selten sind es erst die durch die Abhängigkeit bewirkten Organerkrankungen, die den Kranken zum Arzt führen. Ihre Ursache wird dabei oft verschwiegen, vom Arzt nicht immer erkannt. Auf entsprechende Fragen werden ausweichende, ja falsche Antworten gegeben.

Der Arzt empfiehlt, Alkohol zu meiden, wenn dieser als Ursache der Beschwerden zumindest zu vermuten ist. Doch werden solche Empfehlungen meist wenig nachdrücklich vorgebracht, selten werden sie vom Patienten ernst genommen und noch seltener tatsächlich einsichtsvoll verwirklicht. Allein mit dem Verbot: „Du darfst nicht trinken!" ist anhaltende Abstinenz auch nicht zu erreichen.

Viel zu häufig wird versucht, auf vermeintliche oder echte Konflikte des Kranken mit sich und seiner Umwelt mit angst- oder spannungslösenden Medikamenten einzuwirken. Doch diese Mittel beseitigen nicht die Konflikte, sondern verdecken sie, lassen sie chronisch werden. Bestenfalls mindern sie deren Auswirkungen auf die Lebenssituation vorübergehend. Ein Weg zur Selbstbehandlung wird dann gebahnt, wenn der Arzt die Mittel nicht mehr verordnet, obwohl die Situation sich nicht geändert hat. Dann wird vermehrt Alkohol getrunken oder zu rezeptfreien Mitteln im Übermaß gegriffen. Die überaus häufigen Verschreibungen an Schlaf-, Beruhigungs- und Entspannungsmitteln für Alkoholabhängige durch ihre Ärzte müssen uns zu denken geben. Die Gefahr dieser Medikamente vergrößert sich erheblich, wenn sie nicht statt, sondern gemeinsam mit Alkohol genommen werden. Solange diese Mittel sich scheinbar als brauchbar erweisen, wird keine Notwendigkeit gesehen, das Trinken aufzugeben, und es wird fortgesetzt.

Die Angst, daß auf dem Arbeitsbefreiungsschein oder im Versicherungsausweis die Schlüsselnummer der Krankheit eingetragen wird, die über das Gesundheitswesen und die Sozialversicherung hinaus bekannt geworden ist, führt dazu, daß sich viele Patienten scheuen, ihr Alkoholproblem einzugestehen. Sie fürchten, diese Nummer nie mehr loszuwerden. Das Argument, daß eine gerichtliche Strafe einmal gelöscht wird, diese Nummer ihnen aber auf Lebenszeit anhänge, ist nicht einfach vom Tisch zu wischen. Solange diese Krankheit noch mit unberechtigten Vorurteilen behaftet ist − auch bei Mitarbeitern im Gesundheitswesen −, kann sich der Patient als minderwertig und abgelehnt fühlen. Dann ist es nicht verwunderlich, daß er eher zur „Selbstbehandlung" ohne Bekenntnis zur Krankheit greift, statt um sachkundige Hilfe nachzusuchen.

Einsicht in die Notwendigkeit, etwas zu tun, erwächst erst, wenn der innere Widerspruch zwischen Werthaltungen (Einstellung zur Arbeit, zu den Mitmenschen, zur eigenen Entwicklung u. a.) und wahrgenommenen Folgen der Abhängigkeit unerträglich wird. Der Betroffene fühlt sich in der Zuspitzung des Verlustes seiner Persönlichkeit, seiner Interessen, seines guten Rufes allein hilflos. Er sieht keinen Ausweg. Er wird dann gegebenenfalls bereit, sich Bezugspersonen anzuvertrauen und den Weg der Behandlung einzuschlagen. Der Versuch, aus der sich anbahnenden Isolation herauszugelangen, muß nicht auf Anhieb erfolgreich sein. Die Ausweglosigkeit zwingt jedoch zu neuen Versuchen, Hilfe zu erhalten und, letztendlich, sich selbst auf den Weg der Abstinenz zu helfen.

Die Einsicht des Patienten, daß er alkohol- oder medikamentenabhängig ist, stellt den ersten Schritt auf dem Weg zur Wiederherstellung und zum Erhalt seiner Gesundheit dar.

Ein Therapeut, der Abhängige behandelt, wird sich bemühen, sie zu verstehen, zu akzeptieren, sich in sie hineinzufühlen; er wird aber auch Forderungen an sie richten, die erfüllbar sind. Zusätzlich braucht der oft schon vereinsamte Abhängige eine Gemeinschaft, die wirklich füreinander da ist. Erst das (Wieder-)Erleben tragender menschlicher Beziehungen vermindert Widerstände gegen eine Behandlung, und die Behandlung wird durch eigene Mitarbeit gefördert. Es wächst die Hoffnung, schaf-

Übersicht 25:
Probleme und Betreuungsmöglichkeiten für Alkohol- und Medikamentenabhängige

(1) Grundprobleme und Grundbetreuung

Problemkreis	Betreuungsmöglichkeiten
Angst	Spezielle Psychotherapie Medikamentöse Behandlung nur mit äußerster Zurückhaltung!
Depressionen und Verstimmungszustände	Spezielle Psychotherapie Ausnahmsweise zeitlich begrenzte medikamentöse Behandlung!
Affektive Störungen	Psychotherapie Möglichst keine medikamentöse Behandlung!
Psychotische Zustände	Antipsychotische Medikamente Spezielle Psychotherapie, Soziotherapie
Neurotische Persönlichkeiten	Spezielle Psychotherapie Therapeutische Gruppen
Ungesteuerte Persönlichkeiten	Soziotherapie, spezielle Psychotherapie Versuch der medikamentösen Blockierung des Trinkens (Disulfiram)
Passiv-abhängige Persönlichkeiten	Spezielle Psychotherapie Therapeutische Gruppen
Sozial auffällige Persönlichkeiten	Hilfen und Unterstützung zur sozialen Eingliederung Therapeutische Gruppen

(2) Spezialprobleme und Spezialbetreuung

Problembereich	Problemkreis	Betreuungsmöglichkeiten
Verhaltensmuster des Mittelgebrauchs	Akute Vergiftungen	(Stationäre) Entgiftung
	Periodischer oder kontinuierlicher übermäßiger Alkohol-/Medikamentengebrauch	Differentialdiagnostik und -therapie der Formen abhängigen Trinkens/Medikamentengebrauchs unter ambulanten/stationären Bedingungen

Problembereich	Problemkreis	Betreuungsmöglichkeiten
	Gelegentliche Rückfälle während der Abstinenz	Verständnisvolle Grundhaltung Aufarbeitung des Rückfalls, eventuell medikamentöse Blockierung des Trinkens (Disulfiram)
Physische Abhängigkeit	Akutes Entzugssyndrom	Ambulante oder stationäre Behandlung unter sparsamster Anwendung von Medikamenten
	Verzögert abklingende Entzugserscheinungen	Psychische Stützung während der zeitweiligen Beeinträchtigungen Physische Belastung zur Besserung der Beschwerden Nur im Ausnahmefall kurzzeitig Medikamente!
	Chronisches Entzugssyndrom	Vorbereitung auf die Möglichkeit des Auftretens Stützung durch Therapeut und therapeutische Gruppe als Rückfallprophylaxe
	Physische Abhängigkeit aller Schweregrade	Totalabstinenz Aufklärung und Verhinderung des Umsteigens von einem Mittel auf ein anderes
Medizinische Komplikationen	Internistische Folge- und Begleiterkrankungen	
	Neurologische Folge- und Begleiterkrankungen	Sorgfältige Diagnostik Alkoholverzicht unterstützende Behandlungen Dispensairebetreuung
	Weitere medizinische Folge- und Begleiterkrankungen	
	Schwangerschaft	Aufklärung über Mißbildungen und geistige Behinderungen des Kindes infolge Trinkens der Schwangeren Alkoholverzicht während der Schwangerschaft
Psychiatrische Komplikationen		siehe Grundprobleme und Grundbetreuung

(3) Spezialprobleme und Spezialbetreuung

Problembereich	Problemkreis	Betreuungsmöglichkeiten
Familien-probleme	Gestörte Familien-beziehungen	Familien-/Paartherapie erweiterte therapeutische Gruppen Therapieangebote für Angehörige Einbeziehung gesellschaftlicher Kräfte
	Zerstörte Familien-beziehungen	Unterstützung bei der zeitweiligen oder dauerhaften Trennung Innere Bewältigung des Partner- oder Familienverlustes
Probleme im Berufsleben	Ausbildungs-schwierigkeiten	Beratung, Bewältigungshilfen
	Berufliche Instabilität	Unterstützung durch Betriebe
	Beruflicher Abstieg	Unterstützung durch gesellschaftliche Kräfte
Sozio-ökonomische Probleme	Ungünstige Wohn-verhältnisse	Wohnungssanierung, -wechsel, -beschaffung
	Vorübergehender Verlust der Arbeit	Vermittlung von Arbeit, gegebenenfalls unter Einschaltung staatlicher Organe
	Rechtliche Schwierigkeiten (einschließlich kriminelle Gefährdung und Wiedereingliederung Haftentlassener)	Beratung, Rechtliche und gesellschaftliche Unterstützung

fen zu können, was andere auch geschafft haben.

Es steht die Frage nach Möglichkeiten und Formen der Behandlung. Es werden immer unterschiedlichere Behandlungsangebote möglich, wenn auch noch nicht überall alle zur Verfügung stehen können. Angesichts der Vielzahl von Störungen, die durch eine Abhängigkeit hervorgerufen werden, bieten sich Betreuungsmöglichkeiten an, über die die Übersicht (S. 98–100) orientiert. Anfangs fällt vielen Patienten die Auseinandersetzung mit ihrer Krankheit, die Mitarbeit bei einem mehrstufigen Erkenntnisprozeß schwer. Das ist dadurch bedingt, daß die Abhängigkeiten als chronische Vergiftungen die Erkenntnisbildung langfristig beeinträchtigen können. Die Behandlungsanforderungen werden deshalb nur langsam gesteigert. Dabei spielt für die Behandlung die Patient-Therapeut-Beziehung ebenso eine wichtige Rolle wie die Patient-Gruppe-Beziehung.

In der komplexen Behandlung hat die Einflußnahme auf die körperlichen Schäden keine primäre Bedeutung. Alkoholentzugserscheinungen bedürfen nur dann, wenn sie erhebliche Schwere erreichen, einer stationären Beobachtung und Behandlung. Allerdings kann sie unter Umständen, wegen möglicherweise lebensbedrohlicher Schwere, unter den Bedingungen der Intensivmedizin erforderlich werden. Eine Vielzahl der Erkrankungen der Organe und Organsysteme klingt allein durch den Mittelverzicht weitgehend ab. Eine medikamentöse Therapie solcher Erkrankungen spielt nur eine unterstützende Rolle. Psychische Folgeerscheinungen der Abhängigkeit, wie Angst, Erregungszustände, Schlafstörungen, Depressionen, bedürfen nur selten einer medikamentösen Behandlung. Diese ist wegen der Gefahr der Suchtverlagerung eher zu vermeiden.

Im Mittelpunkt der Therapieangebote steht die Psychotherapie.

Eine Einrichtung arbeitet üblicherweise nach einer bestimmten Konzeption, bei der alle Methoden an einer spezifischen Zielstellung zur Einstellungs- und Verhaltensänderung orientiert sind. Durch Gespräche wird dem Patienten das Vorgehen vertraut und durchsichtig. Gespräche zwischen Patient und Therapeut und Gespräche der Patienten untereinander in kleineren und größeren Gruppen sind verbindlicher Bestandteil allen Vorgehens. Sie dienen spezifischen Zwecken:

■ dem Informations- und Erfahrungsaustausch über die Krankheit und das krankheitstypische Verhalten,
■ der Analyse der Hintergründe und Bedingungen des Verhaltens und damit dem Selbstverständnis,
■ der Anleitung und Übernahme von Hinweisen zur Lebensplanung, Selbstkontrolle und der Übung von Bewältigungstechniken,
■ der Aufarbeitung innerer Konflikte und Fehlhaltungen mit dem Ziel der Selbstakzeptierung und erfolgreichen Auseinandersetzung mit der Umwelt.

Die Zugänge zur Persönlichkeit können dabei verschiedene sein:
■ das Verhalten, die Gedanken, die erlebten Gefühle (z. B. Zugang der Verhaltenstherapie),
■ die Bedürfnisse, die verdrängten Wünsche, die unbewußten Gefühle und Konflikte (z. B. Zugang der dynamischen Therapie),
■ die Einstellungen, Haltungen, Meinungen zu sich im Verhältnis zur Umwelt (z. B. Zugang der kognitiven Therapie).

Die Psychotherapie vollzieht sich in verschiedenen Formen. Nur einige davon werden angeführt. Sie schließen sich trotz ihrer scheinbaren Gegensätzlichkeit keinesfalls aus, sondern sollen sich entsprechend einem individuellen Therapieziel und -plan wirkungsvoll ergänzen:

■ In der Einzeltherapie setzt sich der Patient nur mit einem Therapeuten konfrontiert (sowohl mündlich als auch schriftlich) mit sich bzw. einem bestimmten Problem auseinander.
■ In der Gruppentherapie ist er dabei den unterschiedlichen Stellungen, Haltungen und Rückmeldungen der Gruppenmitglieder ausgesetzt. Sowohl Gemeinsamkeiten als auch Gegensätze tragen in der Auseinandersetzung wirkungsvoll zur persönlichen Entwicklung bei.
■ Im Gespräch wird ein Problem zielbewußt und systematisch erkannt und bearbeitet.

■ Im Verhalten (Bewegung, Spiel, Übung, Problemlösung) kann der Patient sich und andere erleben und darüber reflektieren.

■ Persönliche Gefühle, Wünsche, Konflikte können im Mittelpunkt der Betrachtungen stehen.

■ Aufnahme und Verarbeitung von Informationen kann ebenfalls Anliegen sein.

■ Sowohl auf die Analyse des Verhaltens, des Erlebens, ihrer Bedingungen und Hintergründe als auch auf die Übung bestimmter Situationen und Verhaltensweisen sind Methoden gerichtet.

■ Die Behandlung kann auf die Fähigkeit zur Entspannung und Beruhigung als auch auf das Ertragen und Bewältigen von Belastungen gerichtet sein.

■ Die Therapie kann an Hilfsmittel (Materialien, Instrumente, Tagebuch, Gegenstände) gebunden sein bzw. auch fast ohne solche auskommen.

Neben der Psychotherapie wird in der Regel die Soziotherapie angewandt. Die Abhängigkeit bewirkt, daß die Betroffenen zunehmend mehr von der Umwelt abgelehnt werden und sich andererseits in sich selbst zurückziehen. Diese Isolierungs- und Selbstisolierungstendenzen können oft nicht mehr mit eigener Kraft überwunden werden. Deshalb ist soziotherapeutisches Vorgehen von Anfang an Bestandteil therapeutischer Konzeptionen. Es handelt sich um Aktivitäten, Hilfestellungen und Organisationsformen, die der Neuordnung und Bewältigung der sozialen Beziehungen in den verschiedenen Lebensbereichen dienen. Beispiele sind gemeinsame Arbeiten, Reisen oder Wanderungen, Feiern oder Feste, ein- oder gegenseitige Hilfeleistungen und Unterstützungen. Die Vorbereitung, Durchführung und Auswertung solcher Aktionen beinhalten eine Fülle von Möglichkeiten, sich und andere zu erfahren und Verhalten zu festigen bzw. zu ändern, etwas Neues zu lernen.

Ergänzende, unterstützende Therapieformen in dem genannten Rahmen der Psycho- und Soziotherapie sind:

die Bewegungstherapie bis hin zum aktiven Sport,
die Gestaltungstherapie bis hin zur künstlerischen Selbstbetätigung,
die Arbeitstherapie bis hin zur beruflichen Qualifikation,
die Einbeziehung der Partner und Familien bis hin zur Klärung und Änderung der Partner- und Familienbeziehungen,
Musik-, Biblio-, Freizeittherapie bis hin zur Weckung und Entfaltung kultureller Interessen,
Spiel-, Kommunikations-, Trainingsprogramme bis hin zur Übung sozialen Verhaltens.

Alles das trägt gemeinsam zur Lebensbereicherung, Entfaltung und Selbstverwirklichung als Voraussetzung und Ziel anhaltender Abstinenz bei. Das Gesamtanliegen besteht darin, daß sich der Patient, aktiv handelnd und seiner Umwelt zugewandt, zu akzeptieren und zu entwickeln vermag. Es sollen nicht nur eingetretene Schäden vermindert oder behoben, sondern Alternativen für die bewußte gesellschaftsgestaltende Lebensführung gefunden und verinnerlicht werden. Damit übernimmt der Abstinente wieder die Verantwortung für sich, sein Erleben und Verhalten in allen Lebensbereichen. Während ihm in der Anfangsphase der Verzicht auf sein oder ein Mittel schwergefallen ist, erlebt er es später als überflüssig. Er hat es immer weniger nötig.

Die Behandlung Abhängiger sollte sich über mehrere Jahre erstrecken. Hieraus ist ersichtlich, daß sie zum größten Teil ambulant erfolgen muß. Ambulante und stationäre Maßnahmen müssen stets aufeinander bezogen sein und ineinander greifen, wenn die Wiederherstellung der beeinträchtigten Lebens-, Arbeits- und Leistungsfähigkeit des Patienten sowie seiner Fähigkeit zum konstruktiven sozialen Zusammenleben gelingen soll. Auf die Vielzahl von möglichen individuellen Behandlungsverläufen weist die Übersicht (s. S. 105) hin.

Ein wesentlicher, ja oft entscheidender Teil der rehabilitativen Langzeitbetreuung ist die Zusammenarbeit mit den Betrieben. Über Vereinbarungen, die zwischen dem

Übersicht 26:
Möglichkeiten des individuellen Behandlungsverlaufs

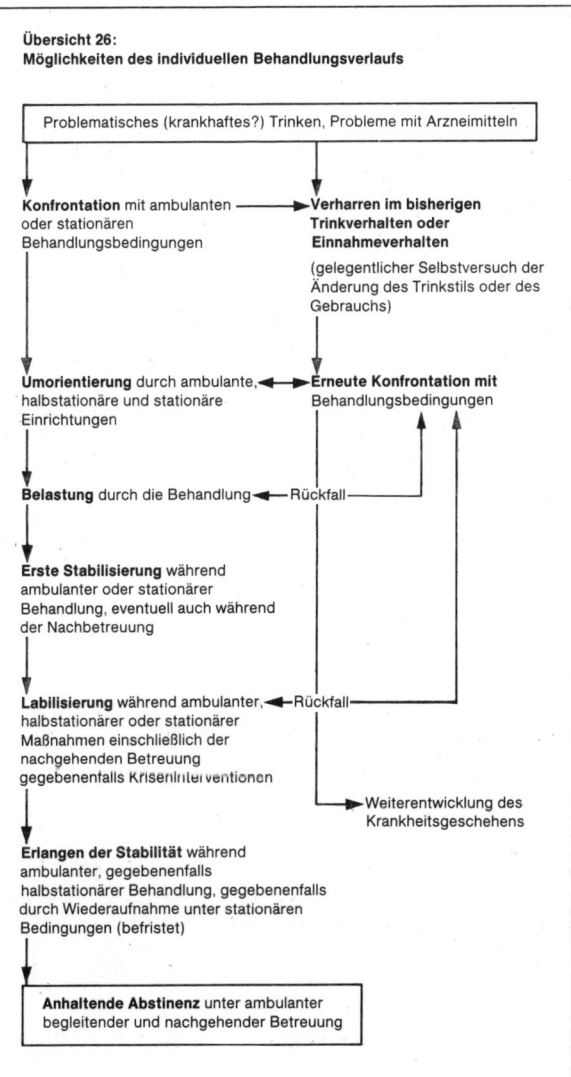

Problematisches (krankhaftes?) Trinken, Probleme mit Arzneimitteln

Konfrontation mit ambulanten oder stationären Behandlungsbedingungen → **Verharren im bisherigen Trinkverhalten oder Einnahmeverhalten**

(gelegentlicher Selbstversuch der Änderung des Trinkstils oder des Gebrauchs)

Umorientierung durch ambulante, halbstationäre und stationäre Einrichtungen ← → **Erneute Konfrontation mit** Behandlungsbedingungen

Belastung durch die Behandlung ← Rückfall

Erste Stabilisierung während ambulanter oder stationärer Behandlung, eventuell auch während der Nachbetreuung

Labilisierung während ambulanter, halbstationärer oder stationärer Maßnahmen einschließlich der nachgehenden Betreuung gegebenenfalls Kriseninterventionen ← Rückfall

→ Weiterentwicklung des Krankheitsgeschehens

Erlangen der Stabilität während ambulanter, gegebenenfalls halbstationärer Behandlung, gegebenenfalls durch Wiederaufnahme unter stationären Bedingungen (befristet)

Anhaltende Abstinenz unter ambulanter begleitender und nachgehender Betreuung

Kranken, dem Betrieb und der Behandlungseinrichtung getroffen werden, kann der Patient in ein lückenloses Betreuungssystem einbezogen werden. Das trägt zu seiner sozialen und gesundheitlichen Stabilisierung bei, ohne ihn aus seiner Verantwortung zu entlassen. In Rostock besteht z. B. zwischen dem Psychiatrischen Zentrum der Stadt und der Neptun-Werft eine Zusammenarbeit, die richtungweisend und verallgemeinerungsfähig für derartige Rehabilitationsbestrebungen ist.

Für eine Reihe von Patienten (milieugefährdete Jugendliche, kriminell gefährdete und haftentlassene Bürger, manche Alleinstehende) kann ein plötzlicher Übergang aus der relativen Geborgenheit in einer Klinik in die volle Eigenverantwortlichkeit rückfallfördernd sein. Deshalb haben einige Einrichtungen Nachtkliniken geschaffen. Sie sind eine echte Bereicherung rehabilitativer Bemühungen. Nachtkliniken sind weitgehend aus dem üblichen Klinikmilieu herausgelöst. Die Patienten wohnen und verbringen ihre Freizeit dort, während sie schon wieder in ihren Betrieben arbeiten.

Andere Formen der Langzeitbetreuung sind die Tagesklinik und die Wochenendklinik. Die Betreuung in einer Tagesklinik ermöglicht gerade unter ambulanten Bedingungen eine besonders wirkungsvolle Beeinflussung in der ersten Phase, wo es insbesondere darum geht, das bisherige Trinkverhalten aufzugeben. Sie ist einer ambulanten Betreuung mit täglichen Vorstellungsmöglichkeiten überlegen, da sie eine intensive Einflußnahme auf das aktuelle Geschehen in der Ausnüchterung ermöglicht. Sie macht eine stationäre Einweisung in vielen Fällen unnötig. Tagesklinische Betreuungsmöglichkeiten werden besonders an größeren ambulanten Behandlungseinrichtungen wirksam. Die Wochenendklinik schafft besonders für alleinstehende, vereinsamte, kontaktgestörte Patienten eine Sicherung ihrer Abstinenz, wenn sich über das Wochenende die Einbindung in stabilisierende Gruppen lockert und sich dadurch die Rückfallgefahr erhöht. Dabei erfolgt eine kurzzeitige, aber wiederholte Aufnahme in einer stationären Einrichtung, in der ein spezielles Betreuungsprogramm für das Wochenende möglich ist. Mitunter können sich Patienten auch für diese Zeit als Gäste in einer stationären Einrichtung aufhalten. Darüber hinaus kann eine tagesklinische Behandlung während einer anhaltenden ambulanten Betreuung in kritischen Situationen Rückfällen vorbeugen und damit eine prophylaktische Bedeutung erlangen.

Von einer Langzeitbetreuung sprechen wir vor allem, wenn wir zum Ausdruck bringen wollen, daß die Überwindung der Abhängigkeit vom Alkohol oder von einem Medikament ein Prozeß ist, der sich nicht in relativ kurzer Zeit abspielt, sondern daß er eine über mehrere bis viele Jahre anhaltende Einbindung in eine therapeutische Gruppe erfordert. Mit dieser verwirklicht sich nicht nur die Abstinenz, mit ihr werden auch gemeinsame Erfolge errungen und Schwierigkeiten bei der Lebensgestaltung bewältigt. Die therapeutische Gruppe durchläuft dabei eine Entwicklung, die ihren Mitgliedern zunehmende Mit- und Eigenverantwortung für das Leben der Gruppe ermöglicht und sie dadurch fördert. Dies kann mit einer Entwicklung von der therapeutischen Gruppe bis zu einem therapeutischen Klub verbunden sein.

Die Auseinandersetzung mit der eigenen Krankheit – ein wechselvolles Geschehen

Ein Mensch, der erlebt, wie er in eine immer tiefere Abhängigkeit von einem Mittel gerät, wie Alkohol oder Tabletten ihn zu überwältigen drohen, durchläuft eine sehr komplizierte Entwicklung. Die sich mehrfach ändernden Einstellungen zur Krankheit spiegeln sich in seinen Äußerungen, Haltungen und Handlungen wider.

Dabei spielen zunächst Abwehrvorgänge eine besondere Rolle. Sie stellen Versuche dar, plötzliche Erfahrungen nicht wahrhaben zu wollen, sich empfohlenen Maßnahmen oder befürchteten Konsequenzen möglichst lange zu entziehen. Danach lassen sich Stufen der Auseinandersetzung mit sich und der Krankheit voneinander unterscheiden. Das betrifft nicht die Phasen des Krankheitsprozesses oder seiner therapeutischen Beeinflussung, sondern ein phasentypisches *Erleben und Verhalten,* worin sich die wechselnde Einstellung zur Krankheit ausdrückt.

In der Übersicht (s. S. 110/111) ist der zeitliche und sachliche Ablauf der Abwehr, Auseinandersetzung und Bewältigung der Krankheit geschlossen dargestellt.

Wir richten im folgenden in Anlehnung an Erfahrungen mit anderen Krankheiten besondere Aufmerksamkeit auf fünf Stufen der Auseinandersetzung, die für das Verständnis des Behandlungsprozesses wichtig sind, ihn erschweren, beeinträchtigen, aber schließlich auch ermöglichen. Dabei wollen wir für jede Stufe nur die jeweils typische Einstellung skizzieren.

Stufe der Verleugnung
der eigenen Abhängigkeit

Hierin spiegelt sich der Höhepunkt der Abwehr jeglicher Krankheitskonfrontation und Behandlungsbemühungen wider. Der Abhängige ignoriert, was nicht zu seinen früheren Erfahrungen von sich selbst und zu seinen Hoffnungen paßt. Er betont dann etwa mit Ausdauer und Nachdruck, er habe keine Probleme. Er verstünde überhaupt nicht, was man von ihm wolle. „Säufer" wären doch ganz andere. Er tränke nur gelegentlich, vielleicht auch einmal über den Durst. Gewiß hätte er häusliche oder berufliche Schwierigkeiten, aber wer hätte die nicht. Er hätte sein Trinken selbstverständlich voll im Griff. Jederzeit könne er aufhören, wenn er das wolle. Gerade jetzt habe er überhaupt kein Verlangen nach Alkohol. Solche Beteuerungen werden lebhaft und überzeugend geäußert. Fast würde man ihnen Glauben schenken wollen, auch wenn man eine Alkoholfahne riecht und zweifelt, ob man sich die nicht nur einbildet. Noch schwieriger wird die Situation, wenn ein Patient sein Trinken nicht leugnet, Schwierigkeiten und Ausmaß bereitwillig einräumt, dabei aber gleichzeitig verdeutlicht, daß er keinerlei Absicht hätte, etwas dagegen zu tun. Nicht einmal an einer Beratung wäre er interessiert. Man möge ihn doch in Ruhe lassen und anderen helfen, die solche Hilfe wollen und brauchen. Selbst wenn manchmal eine gewisse Einsicht besteht, wird das schlechte Gewissen durch solche renommistischen Haltungen verdeckt.

Stufe der Auflehnung
gegen die Abhängigkeit

Diese „Auflehnung" kann plötzlich und auch mit Wut und Aggressionen einsetzen. Solche starken Gefühle lassen sich nicht aus den aktuellen Umständen ableiten. Sie sind für die Behandlungsanbahnung günstiger als passiver Widerstand. Die Umwelt wird beschuldigt, und alles

Der Prozeß von der Erkennung bis zur Annahme der eigenen Abhängigkeitserkrankung

Erleben	Stufen der			Verhalten
	Abwehr	Auseinandersetzung	Bewältigung	
der angenehmen Seiten des „Rausches"	1.			Nichtwissen um die eigene Abhängigkeit, ungetrübter Mittelgebrauch
der unangenehmen Folgen des Gebrauchs	2.			Konfrontation mit den Hinweisen auf eine Abhängigkeit, „getrübter" Mittelgebrauch
des schlechten Gewissens	3.	1.		Verleugnung der eigenen Abhängigkeit
der Notwendigkeit zur Selbstrechtfertigung		2.		Auflehnung gegen die eigene Abhängigkeit
der Unausweichbarkeit der Auseinandersetzung		3.		Einlenken als Ausdruck der beginnenden Auseinandersetzung auf der rationalen Ebene

Negative wird ihr angelastet. Sie wird als sehr bedrohlich erlebt, wenn man auch auf eine „stumme" Auflehnung ohne heftige Verhaltensweisen treffen kann. Es wirkt wie ein „Kleinkrieg" gegen die anderen, die als völlig verständnislos und ablehnend empfunden werden. Es kommt dabei häufig zu einem „Einbruch", aber gerade bei stummem, starrem und passivem Widerstreben auch zu einem Behandlungsabbruch.

Der Patient spricht sich mit niemandem aus, bleibt unbegründet der Behandlung fern, verfällt in ein hartnäckiges Schweigen oder verläßt ohne jede Erklärung eine Behandlungseinrichtung. Unschlüssig, hin- und hergerissen, mag er wenig später sein Tun schon wieder be-

Erleben	Stufen der			Verhalten
	Abwehr	Auseinandersetzung	Bewältigung	
der eigenen Hilflosigkeit	4.			Niedergeschlagenheit als Ausdruck der Auseinandersetzung auf emotionaler Ebene
der eigenen Abhängigkeit	5.	1.		Akzeptierung der eigenen Abhängigkeit als Krankheit (Aussöhnung)
der Notwendigkeit der Abstinenz als völligen Mittelverzicht		2.		Annahme der Krankheit und Abstinenz zur gewollten Krankheitsbewältigung
der Schwierigkeiten bei der Verwirklichung der Abstinenz		3.		Selbstbesinnung und bewußte Verhaltensänderung zur Sicherung der Abstinenz
der neuen oder zurückgewonnenen Alternativmöglichkeiten zur Lebensführung		4.		Selbsterkenntnis und aktive Lebensgestaltung auf der Grundlage der Abstinenz

reuen und eine Fortsetzung der Behandlung begehren. Besonders lähmend wirken sich unreife Trotzformen aus, die länger anhalten und die Therapie fast unmöglich machen können.

Stufe des Einlenkens zur Auseinandersetzung

Wenn sich das Hadern, die Verneinung, die Auflehnung allmählich erschöpfen, kommt es zu einer eigenartigen Verhandlungsbereitschaft. Für die spezielle Situation des Drogenabhängigen ist von einem „Kuhhandel" gesprochen worden. In ihm deutet sich, anfangs nur schwer erkennbar, eine Einstellungsänderung zur Bereitschaft hin an, sich mit sich und seiner Krankheit auseinanderzusetzen. Der Abhängige äußert Einsicht, feilscht jedoch selbst um kleinste Vergünstigungen und Zugeständnisse.

Charakteristisch sind Äußerungen, er habe nun endlich begriffen, worum es ginge. Er wisse jetzt, daß er alkoholkrank sei, sähe die Notwendigkeit des völligen Alkoholverzichts nun ein. Aber man müsse auch einräumen, daß er doch kein schlechter Kerl sei. Von jetzt an würde sich alles Weitere problemlos, im Selbstlauf regeln. Noch sind solche Einsichten sehr allgemein, wirken formal. Doch durch sein Einlenken setzt sich der Betreffende rational mit Argumenten auseinander, nimmt sie an und denkt darüber nach. Emotional empfindet er es als eine Entlastung, da ihm der bisherige Zustand wohl doch schon unerträglich geworden ist. Behandlungsabbrüche sind in dieser Situation möglich, weil mancher glauben könnte, alles Nötige nunmehr zu wissen. Doch die meisten kehren von sich aus zurück. Wenn jedoch eine Besserung der Lebenssituation eintritt, die zunächst ausreichend erscheint, kann das sehr lange, jahrelang dauern. In dieser Phase sind auch Umsteigetendenzen von Alkohol auf Tabletten oder umgekehrt nicht ganz selten.

Stufe der Niedergeschlagenheit

Die Niedergeschlagenheit ist Ausdruck der eigenen Hilflosigkeit. Erfahrungen und damit Hilfe werden angenommen und verinnerlicht. In der Regel ist das ein langsamer, unauffälliger Prozeß. Der Patient verhält sich still, zurückhaltend, seine Stimmung erscheint gedrückt, niedergeschlagen, er wirkt nachdenklich. Er pendelt in Gedanken und Taten zwischen dem alten Verlangen und den eigenen Bedenken. Er experimentiert mit neuem Verhalten, das noch nicht zu einem neuen Lebensstil geworden ist. Er wird aber auch ruhiger, zukunftsorientierter, gelassener. Er gewinnt etwas Hoffnung, und seine zwischenmenschlichen Beziehungen bessern und vertiefen sich. Es handelt sich hierbei um ein normales, notwendiges und nicht um ein krankhaftes Geschehen!

Stufe der Aussöhnung

Der Patient kann die eigene Krankheit annehmen und sich als abhängig akzeptieren. Die Erkenntnis, ohne moralisches Verschulden in die Verstrickungen der sozialen, psychischen und physischen Folgen seiner Krankheit geraten zu sein, führt zur Aktivierung der eigenen Kräfte. Er erhofft sich nicht nur Hilfe von außen, sondern er erkennt langsam, daß er sich selbst helfen kann, und findet zu einer kooperativen Einstellung, die an die Stelle der früheren fruchtlosen Auflehnung gegen sein Schicksal tritt. Damit akzeptiert er auch die Abstinenz für sich.

Freilich sind auch jetzt noch Rückschläge in frühere Phasen dieses Prozesses möglich. Das schließt auch Rückfälle ein. Doch ist es nun schon leichter, zu ihrer Überwindung an den erreichten Stand anzuknüpfen. Jetzt werden anhaltende alkohol- und medikamentenfreie Zeiträume erlebt und Belastungen als zu bewältigende Krisensituationen empfunden. Die Bewährung schafft zunehmend Selbstsicherheit und Selbstvertrauen, so daß der nunmehr abstinent gewordene Abhängige in seine neue Identität etwa als „Nicht-mehr-Trinker" hineinwächst. Die Vorstellung davon hat für ihn an Angst und Schrecken verloren.

Diese Stufen vollziehen sich individuell unterschiedlich. Sie sind keine Behandlungsschritte und lassen sich auch nicht in Zeitabschnitten darstellen. In ihnen drückt sich Typisches des Erlebens und Verhaltens aus, das aber durch die Persönlichkeit des einzelnen, sein Krankheitsstadium und seine spezifischen Umweltbeziehungen konkrete Gestalt annimmt. Ihre Reflexion dient unter anderem der Gestaltung der individuellen Therapeut-Patient-Beziehung im Behandlungsverlauf.

Unterstützung durch die Umwelt

**Partner und Familie –
Betroffensein oder Helfen?**

Die Angehörigen des Alkoholabhängigen haben Erlebnisse, die sie betroffen machen und die sie nie vergessen werden.

Frauen dulden zunächst das Trinken des Mannes, weil sie sich einreden lassen und daran glauben, daß man einem Manne sein Bier – oder was immer er auch trinkt – lassen müsse. Sie bringen es fertig, daß der Partner mit ihrer „Erlaubnis" trinkt, weil Verbote nichts genutzt haben und weil sie nicht wollen, daß er gegen ihren Willen trinkt. Manche kaufen sogar den Alkohol, den der Partner unter ihrer Kontrolle und damit Verantwortung trinken soll. In der Öffentlichkeit, bei Feiern und ähnlichen Anlässen soll er möglichst angepaßt trinken und nicht negativ auffallen, auch nicht durch Abstinenz. Bei all diesen Bemühungen nehmen sie zunächst allerhand Peinlichkeiten, Störungen und Beeinträchtigungen ihrer Pläne und Vorhaben, die Initiativ- und Interesselosigkeit des Partners, seine Unzuverlässigkeit und sein Ausscheiden aus der Verantwortung für die Familie in Kauf. Erst später, wenn sie unter Umständen gereizt und ungeduldig reagieren, wenn sie ihm den Alkohol wegnehmen, Verstecke leeren, ihn beschimpfen und ihm drohen, provozieren sie oft aggressives Verhalten des Abhängigen, das sich gegen Möbel, Kinder, sich selbst oder die Mutter richtet und bis zur Flucht der Familie vor dem Manne, Vater oder Sohn führen kann. Verzweiflung und Wut treiben zu häßlichen Auseinandersetzungen, an denen beide Seiten gleiche oder auch unterschiedliche Anteile haben können.

Das Trinken der abhängigen Frau wird weniger gebilligt, aber es wird von der Familie vieles erduldet und ertragen. Es verläuft nicht so laut und wird häufig vor der Öffentlichkeit verborgen. Manche enttäuschten, unausgefüllten, nicht durchsetzungsfähigen Frauen benutzen unbewußt den Alkohol als Waffe, womit sie ihren Partner zu Hilflosigkeit, Verzweiflung, verletzenden und gewalttätigen Handlungen treiben, die er danach bereuen muß. Das Mittel, Alkohol oder Medikamente, hat eine definierte Funktion im Beziehungsgefüge einer Familie, die unbewußt Opfer bringt, nur um sich zu erhalten, anstatt sich zu entwickeln. Angst, Unsicherheit und Qualen beherrschen das Familienleben über Jahre hinweg. Manche trennen sich früher, manche später. Manche stehen es in Erinnerung an frühere gemeinsame Zeiten bis zum bitteren oder guten Ende durch. Die Kinder leiden still und verunsichert mit. Gegebenenfalls ziehen sie Vorteile aus der Inkonsequenz und dem schlechten Gewissen der Eltern, weichen in kritischen Situationen aus oder versuchen, den Schwächeren im Sinne des Erhalts der Familie zu unterstützen. Angst ist vorhanden, auch wenn sie nicht immer deutlich bewußt ist. Fehlentwicklungen der Kinder sind häufige Folge der gestörten Familienbeziehungen.

Als Partner betroffen sein kann negatives Verhalten auslösen: sich vor der Umwelt schämen, sich leid tun und sich im Selbstmitleid gefallen, den Abhängigen demütigen, ihn zu beherrschen versuchen, bei ihm Schuldgefühle wecken und bestärken und ihn damit zum Trinken provozieren.

Helfen, das verlangt, sich aus dem Teufelskreis der Beziehungsstörung herauslösen zu können, zu sich und der Familie zu stehen und seinen eigenen Anteil „Unabhängigkeit" von der Familie zu erleben und zu verantworten. Es ist wichtig, auch den sich mehr und mehr der Familie entziehenden, vom Mittel abhängigen Partner als eigenverantwortliche Persönlichkeit zu akzeptieren und sich nur von seinem Verhalten zu distanzieren. Der helfende Angehörige setzt sich oft früher mit der Alkoholabhängigkeit als Krankheit auseinander als der Abhän-

gige selbst. Hilfe liegt im Erkennenkönnen der Alkohol-
problematik des Partners, der wertfreien Beurteilung
seiner Krankheit und in der Anregung, daß er etwas dagegen tun kann. Der Partner kann es nicht für den Abhängigen tun. Es würde alles schlimmer, versuchte er,
den Abhängigen zu bewachen, zu kontrollieren, zu be-
vormunden. Leider ist das eine verbreitete Fehlhaltung
des Partners. Es ist für die Familie sehr schwer, sich
herauszuhalten, auch wenn sie zusehen muß, wie der
Abhängige wegen des Trinkens immer mehr Probleme
und Schwierigkeiten bekommt. Aber gerade letztere
sind wichtig, damit er sich endlich gezwungen sieht, sich
als Abhängiger zu bekennen, sich der Problematik zu
stellen und den Ausweg der Abstinenz als unumgänglich
zu akzeptieren. In der Phase bis zur Erkenntnis und zum
Bekenntnis, von Alkohol oder Medikamenten abhängig
zu sein, hilft der Partner durch die Bereitschaft zum re-
flektierenden Gespräch. Das sollte aber nur in nüchternen und für das Gespräch günstigen Phasen des Abhängigen erfolgen. Der Partner kann Pläne und Vorhaben
des Abhängigen registrieren, mit den Ergebnissen und
seinem tatsächlichen Verhalten vergleichen, Beobachtungen mitteilen, zur Selbstbetrachtung anregen, zu
Selbstversuchen motivieren. Er sollte Mut und Hoffnung
zur Selbstoffenbarung und zum Versuch der Abstinenz
vermitteln. Er trägt zur Entwicklung des Selbstbe-
wußtseins bei, es schaffen und dabei nur gewinnen zu
können. Es ist für den Abhängigen leichter, wenn er sich
nicht allein fühlt, aber er schaffte es nie, wenn er annehmen könnte, daß der Partner sein Trinken letztlich doch
aus irgendwelchen Motiven — wie Angst vor dem Alleinsein — in Kauf nehmen würde. Da manche Partner so
empfinden, andererseits aber die gesamte Verantwortung für die Familie schon allein tragen, geben sie dem
Abhängigen unbewußt den „Freibrief" zum Weitertrinken, was er dann entsprechend der vorausgegangenen
Fehlentwicklung und der Gesetzmäßigkeit seiner Erkrankung tut. Angehörige geraten leicht in den Teufelskreis,
den „Trinker" oder „Versager" abzuwerten, ihn zu be-

schuldigen und sich selbst, weil sie doch ihrerseits von ihm abhängig sind, noch mehr zu verachten. Daraus wird deutlich, daß Betroffensein wahrlich nicht gleich Hilfe ist, sondern daß sich auch der Betroffene erst besinnen, zum aktiven, helfenden Handeln überwinden muß. In der Regel lernt er es nicht ohne fremde Hilfe (Beratung in entsprechenden Stellen, mit Personen seines Vertrauens), das eigene Verhalten und die Wirkung auf den Partner zu beobachten und sich selbst zu kontrollieren. Er wird dazu Wege finden, mit dem Abhängigen vorwurfsfrei, aber ernst zu sprechen. Gegenstand solcher Gespräche sind die erforderlichen Schritte zur Abstinenz und die Klärung der Beziehung zueinander. Dabei gilt wie für jedes andere Gebiet: Drohe niemals demonstrativ etwas an, wovon du schon weißt, daß du es nicht tun wirst!

Es ist ein Weg, der über Jahre geht. Das sollte derjenige, der sich darauf einläßt, von Anfang an wissen, damit er die erforderliche Geduld bewahrt, mit Rückschlägen und Krisen umzugehen lernt und konsequent das Ziel der persönlichen Entfaltung in der Partnerbeziehung verfolgen kann.

Freunde und Bekannte –
Verstehen oder Ablehnen?

Der Abhängige spricht oft von seinen Freunden und Kontakten, die er nur, wenn er trinke, erhalten könne. Womit muß er rechnen, wenn er das Trinken einstellt? Solange der Abhängige gesellig trinken kann und viel verträgt, glaubt er, viele „Freunde" zu haben. Er hat sie wirklich, wenn er auf Grund seiner Fähigkeiten und Fertigkeiten (oder gar auf Grund seiner Freigebigkeit) gebraucht wird, insbesondere, wenn er nicht „Nein" sagen kann. Viele können das nicht, weil sie beliebt sein möchten, ihre Schuldgefühle nicht vermehren, sich beweisen oder eben Rechtfertigungen und Ausgleiche für ihr Trinken im vor- und nachhinein sammeln wollen. Manch einer bildet sich allerdings die „Freunde" und die Bestätigung, die er durch diese erfahren will, auch nur noch ein. Abstinenz wird ein ausgezeichneter Detektor für wahre oder falsche Freunde sein. Der Abhängige wird bemerken, wie groß oder klein die Zahl seiner Freunde wirklich ist. Er wird oft mit Mißtrauen betrachtet, er beunruhigt andere durch sein abstinentes Verhalten. Warum ist das so? Fühlen sich manche beobachtet? Denken sie: Wenn der abhängig ist, bin ich es dann etwa auch? Die echten Freunde freuen sich über die Abstinenz desto früher, je mehr sie mit den Gründen vertraut sind. Sie verstehen, weil sie wissen, daß die Abstinenz nötig ist. Sie müssen also in die Auseinandersetzung mit der Krankheit einbezogen werden.

Als eine Freundin einmal unsicher war, ob sie in Gesellschaft eines Akoholabhängigen etwas trinken sollte oder nicht, obwohl er es wünschte, sagten seine Freunde: „Trink, er hat in seinem Leben schon so viel getrunken, wie wir zusammen niemals trinken werden."

Freunde verstehen nicht nur den Sinn der Abstinenz und ihre Notwendigkeit, sie verstehen es auch, die Atmosphäre freundschaftlich zu wahren und zu verbessern. Freunde verhalten sich, bezogen auf ihre eigene Person, ungezwungen, fördern aber die Abstinenz des Abhängigen, freuen sich. Er könnte in ihrer Gegenwart nicht mehr trinken, weil er vor ihnen „sein Gesicht verlöre". Natürlich gibt es darüber hinaus Bekannte, die die Vorgeschichte kaum kennen, aber eine ernsthaft und überzeugend geäußerte Abstinenzabsicht sofort akzeptieren, ohne unsicher zu werden. Wenn die früheren gemeinsamen Gewohnheiten eine Abstinenz unvorstellbar erscheinen lassen und der Vorsatz auch noch unsicher vorgetragen wird, fällt es verschiedenen Bezugspersonen allerdings sehr schwer, sich auf die Abstinenz eines Freundes oder Bekannten einzustellen.

Der Abhängige sollte auch mit Ablehnung rechnen. Anfangs wird er unter ihr ganz besonders leiden. Später wird er froh sein, auf diese Weise seinen Bekanntenkreis „sondiert" zu haben. Freunde und Bekannte, die sich zum Zeitpunkt der Abstinenz zurückziehen, vielleicht sogar aktiv im Sinne der Ablehnung des Abhängigen oder seiner Abstinenz, erweisen sich der Freundschaft unwürdig, als verständnislos und in ihrer eigenen Persönlichkeit gestört. Das Wissen darüber hilft dem Abhängigen allein nicht, er muß es noch verarbeiten. Es kann ihm auch geschehen, daß er völlig allein dasteht und sich neue Freunde, etwa in seiner therapeutischen Gruppe, suchen muß.

Kollegen und Kollektive – Unterstützen oder Abschieben?

Ein nützlicher Druck zur Behandlungsaufnahme geht vom Betrieb aus. Die Kollegen sehen das reale Verhalten ihres Mitarbeiters, können seine Leistungsbeeinträchtigungen einschätzen und ihn zur Wiederherstellung seiner uneingeschränkten Arbeits- und Leistungsfähigkeit veranlassen. Darüber hinaus ist der Betrieb das „Fundament" der beginnenden Rehabilitation. Der Arbeitsbereich ist häufig der einzige Bereich, der relativ leicht in Ordnung zu bringen ist und damit Voraussetzung und Motiv für die Abstinenz wird. Durch die Verbindung zum Betrieb bleibt der Abhängige ein nützliches Mitglied der Gesellschaft, fühlt er sich auch so und kann dadurch vermeiden, in die Asozialität zu entgleiten. Der abstinente Abhängige gibt auf Grund seines Persönlichkeitsgewinns, den er aus der erfolgreichen Behandlung zieht, dem Betrieb mehr zurück, als er aus ihm an Hilfe geschöpft hat. Der Abstinente wird in der Regel bewußter, zielstrebiger und engagierter arbeiten als je zuvor. Auch deshalb hat der sozialistische Betrieb ein Interesse an der Behandlung und sollte den Nutzen daraus ziehen.

Welche vermeidbaren Fehler sind in Betrieben anzutreffen?

Kollektive veranlassen gerade bei beliebten, geschätzten oder leitenden Mitarbeitern Maßnahmen der Hilfe zu spät. Sie glauben zu helfen, indem sie ein Auge zudrükken, inkonsequent auftreten, und ahnen nicht, welche große Verantwortung sie für die tragische Entwicklung auf sich laden. So kann es immer wieder geschehen, daß ein Meister sagt: „Bei diesem Kollegen müssen wir eine Ausnahme bezüglich des Alkoholverbots machen. Der ist doch erst arbeitsfähig, wenn er ein paar Schluck getrunken hat, der braucht das." Das träfe auf den Delta-Alkoholiker (nach Jellinek) zu. Das ebenfalls krankheitsbedingte Trinkverhalten des Gamma-Alkoholikers (nach Jellinek) wird oft lange als „Kavaliersdelikt" betrachtet. Er darf nacharbeiten, Überstunden absetzen, im nachhinein Urlaub nehmen, sogar im Betrieb seinen Rausch ausschlafen. Wenn dann in den Endstadien der Krankheit alles zu spät ist, ist guter Rat teuer, und die klagenden Kollegen finden nirgends wirkungsvolle Unterstützung.

Das Schicksal von Abhängigen wird dann verschärft, wenn sie auf Kollegen treffen, die „Kumpel" sein wollen und das versehentlich mit „Kumpan" verwechseln. Sie versuchen, das Trinken einschließlich Restalkohol während der Arbeitszeit zu verniedlichen, zu verheimlichen, die Folgen zu vertuschen, solange es irgend möglich ist. Sogar die Aufklärung von Ausfällen und Unfällen kann verhindert bzw. behindert werden, um den Betreffenden zu schützen und „vor Schlimmem" zu bewahren. Manche Kollegen verhalten sich in guter Absicht so, weil sie nicht wissen, was das Schlimmere ist. Sie erkennen häufig nicht, was dem Abhängigen noch alles bevorsteht. In ihrem Verhalten spiegelt sich sowohl die Einstellung zu dem Abhängigen als auch zum Alkohol wider. Sie wollen in der Regel den Abhängigen nicht „in die Pfanne hauen", aber auch den Boden für ihr eigenes Trinken zu den gleichen Anlässen, die für den Abhängigen Trinkanlaß gewesen sein könnten, offenhalten. Mancher möchte gegebenenfalls selbst einmal den Schutz des Kollektivs in Anspruch nehmen und durch sein Verhalten Normen mitsetzen und erhalten. Ziel ist, vor Ärger, Disziplinarmaßnahmen und materiellen Sanktionen bewahrt zu bleiben.

Manche Kollegen haben auch Mitleid. Sie wissen oder ahnen schon von der Unfreiheit der Persönlichkeit und inneren Not des Abhängigen. Mitleid allein ist kein nützliches Mitgefühl. Der mit dieser ungewollten Unterstützung Weitertrinkende gerät zwangsweise immer häufiger in die Situation, in der er Versprechungen abgibt, die er nicht halten kann. Er gilt dann als unzuverlässig, als Lügner, als undankbar und bekommt das deutlich zu fühlen. Das Kollektiv distanziert sich deshalb von ihm und nicht nur – wie es anfänglich nötig gewesen wäre – von seinem Trinken.

Da Alkoholmißbrauch als unmoralisch gilt, wird er bei Kollegen, deren Arbeitsmoral geschätzt wird oder nicht angezweifelt werden soll, vertuscht. Dadurch verhindern die Kollegen aber, gegebenenfalls eine Alkoholkrankheit zu erkennen und rechtzeitig zu behandeln. Darüber hinaus wagen Kollektive manchmal nicht einmal, ärztliche Hilfe zu veranlassen, wenn Alkohol einen arbeitsunfähigen Zustand eines Kollegen herbeigeführt hat. Sie greifen zur Selbsthilfe, mit der sie sich eine Verantwortung aufbürden, die ihnen nicht zukommt. Noch unverständlicher ist aber, wenn alkoholisierte hilflose Personen gar nicht beachtet werden, weil irrtümlicherweise angenommen wird, daß ihnen keine ärztliche Hilfe gebührt.

Vorgesetzte und Kollegen müssen auf Beratung und Behandlung drängen. Wenn die Umsetzung eines alkoholabhängigen Kollegen unumgänglich ist, ist es höchst unverantwortlich, verdeckte Methoden des Abschiebens anzuwenden: Unter Umgehung der arbeitsgesetzlichen Regelungen wird dem Abhängigen ein Aufhebungsvertrag nahegelegt. Er solle den Aufhebungsvertrag erbitten und erhalte dafür die Zusage, daß nichts von seinem alkoholbedingten Fehlverhalten in die Beurteilung käme. Solches Vorgehen sollte unbedingt überwunden werden. Keinesfalls soll der Eindruck entstehen, im Betrieb würden die Ursachen für das krankhafte Trinken oder gar Pillen gesetzt. Es geht ausschließlich darum, daß es dort bemerkt und damit auch geändert werden kann und daß das rechtzeitig geschehen sollte. Kollektive, die erfolgreich eingegriffen haben, sollten ihr Vorgehen popularisieren, damit nicht etwa nur negative Verläufe Gegenstand von Diskussionen werden.

Es ist bekannt, daß Leistungsminderung und -versagen von Außenstehenden verzögert wahrgenommen werden. Das Wissen um dieses Phänomen sollte dazu dienen, Hinweiszeichen kritischer und ernster zu prüfen und den betreffenden Kollegen genauer zu beobachten. Dabei kann sich allerdings schon wieder unbewußt neues Fehlverhalten der Umwelt einschleichen: Der Abhängige ist und bleibt Partner und Kollege, der die Verantwortung für sich und sein Verhalten selbst trägt. Übermäßig kontrollierendes Verhalten, auch wenn es aus gönnerhaft „väterlicher" oder besorgt „mütterlicher" Haltung heraus resultiert, hilft nicht, sondern entmündigt. Die Auseinandersetzung mit der Krankheit und das Erlernen abstinenten Verhaltens dauern 2 bis 5 Jahre. In diesem zunächst lang erscheinenden Zeitraum braucht der Betroffene die Kollegen als Partner. Schweigen trägt nicht zur Auseinandersetzung bei, Drohen und Abschieben führen eher zur Auseinandersetzung mit dem Betrieb und nicht mit der Krankheit. Miteinander über die Abhängigkeit und über die Abstinenz reden hilft beiden Seiten. Auch das mißtrauische, argwöhnische Reden hinter dem Rücken Abhängiger und der um Abstinenz Kämpfenden ist kein edler Verhaltenszug. Offenheit sollte für beide Seiten, Abhängigen und Betrieb, gelten.

Leiter und Kollektive können helfen, indem sie sich über alle Vorfälle im Zusammenhang mit Alkohol genau informieren.
den Abhängigen sachlich mit ihren Beobachtungen und Besorgnissen konfrontieren,
Hilfe im Sinne von Informationen über die Abhängigkeit als Krankheit und Organisation nötiger Betreuungsmaßnahmen anbieten,
ein Vertrauensverhältnis zu wahren bestrebt sind,
die Folgen der Alkoholabhängigkeit nicht verbergen, sondern verdeutlichen,

Therapieziele und -maßnahmen zu verstehen und zu unterstützen versuchen,
mit den zuständigen Beratungs- und Behandlungsstellen, eventuell auch mit den Familienmitgliedern zusammenarbeiten,
durch konsequentes Verhalten als Ausweg möglichst nur die Bereitschaft zur Abstinenz für den Abhängigen anerkennen und sich allen anderen Versuchen verschließen,
für Ehrlichkeit und Offenheit im Kollektiv bezüglich des krankheitsbedingten Verhaltens und der Notwendigkeit der Abstinenz sorgen,
unter Voraussetzung der Bereitschaft des Abhängigen zur Abstinenz dessen Integration in das Kollektiv und seine Entwicklung im Betrieb unterstützen und ihm im Bedarfsfall zu klärenden, entlastenden Gesprächen zur Verfügung stehen.

Leitungskader fragten wiederholt, ob sie gegenüber uneinsichtigen Mitarbeitern nur den Verweis, den strengen Verweis und die schwer zu vertretende fristlose Entlassung als Disziplinarmaßnahmen anwenden könnten. Darauf ist zu antworten, daß das die letzten Schritte der Anwendung des Arbeitsgesetzbuches sind. Die Arbeit mit diesem sollte auch die vorausgehenden Möglichkeiten ausschöpfen. Worauf muß der jeweilige Leiter achten?

Jeder alkoholisierte Mitarbeiter sollte konsequent vom Arbeitsplatz verwiesen werden. Entsprechende finanzielle Sanktionen folgen im Rahmen der Entlohnung und Prämierung. Darin sollte der Abhängige keine Ausnahme bilden.
Nichtkrankheitsgerechtes Verhalten, also Nichteinhalten der Abstinenz durch Abhängige, zwingt zur Minderung bzw. zum Versagen der Sozialversicherungsleistungen bei Arbeitsunfähigkeit durch Krankheit oder Unfall infolge der Alkoholisierung. (Selbstverständlich muß der Kranke in jedem Falle die notwendige ärztliche Hilfe und Versorgung erfahren, aber er sollte nicht finanzielle Mit-

tel in Anspruch nehmen können, die ihm nicht zustehen. Mit anderen Worten: Alkohol- oder nicht verordneter Arzneimittelgebrauch während einer Zeit der Arbeitsbefreiung zwecks Ausnüchterung oder zwecks Behandlung von Folgeerkrankungen kann nicht mit Sozialversicherungsleistungen honoriert werden!)

Leistungen, die Grundlage für Lohn und Prämien sind, sollten real eingeschätzt werden, damit Leistungsminderungen spürbar gemacht werden können.

Solange der Betroffene noch Interesse an der Arbeit hat, sollte er durch die ihm übertragene Arbeit oder Funktion eingeschränkt und dadurch zur Abstinenz motiviert werden. Gegebenenfalls muß ihm die Nichteignung für die übertragenen Aufgaben nachgewiesen werden. Es sollte ihm aber konkret in Aussicht gestellt werden, daß er bei Einhaltung der Abstinenz die ehemalige oder eine bestimmte Arbeitsaufgabe erhalten wird.

In jedem Falle sollten die verantwortlichen Leiter und Kollektive nicht ohne den betroffenen Werktätigen beraten, sondern mit ihm gemeinsam. Das Resultat sollte das Ergebnis gemeinsamer Überlegungen sein. Auch die Alternative, die der Werktätige bei positivem Entwicklungsverlauf durch die Abstinenz hat, muß konkret dargestellt, festgehalten und eingehalten werden.

Ein Satz zu der wiederholt vorgetragenen Frage: Wie sollten sich Kollegen gegenüber einem abstinenten Kollektivmitglied verhalten? Vielleicht ist ein Vergleich mit einem abstinenten Raucher möglich. Es sollte dem Kollegen überlassen bleiben, welchen Gruppen er sich anschließt oder welche Situationen er meiden möchte. Bei der Vorbereitung von Feiern oder Festen sollte — nicht nur wegen abstinenter Kollektivmitglieder — auf genügend alkoholfreie Getränke geachtet werden.

Ärzte und Mitarbeiter –
Resignieren oder Engagieren?

Ein sehr erfahrener Arzt hat einmal zum Ausdruck gebracht, es läge „im Wesen von Mißbrauch und Sucht, daß sich Arzt und Patient gegenseitig aus dem Wege gehen". Welche Motive gibt es für dieses Verhalten? Der Abhängige geht der Konfrontation mit seiner Krankheit und mit dem krankheitsgerechten Verhalten lieber aus dem Wege. Die Konfrontation ist für ihn bedrückend, unbequem, erfordert das Eingeständnis einer Niederlage in der Auseinandersetzung mit dem Alkohol. Sie erfordert Mut und die Überwindung von Scham- und Minderwertigkeitsgefühlen. Nur der in seinem Wesen unkritisch gewordene Abhängige hat wenig Hemmungen zu überwinden. Nur brächte eine solche Begegnung in der Regel nicht mehr viel.

Zu dem Arzt kommt der Patient meist in hilflosem Zustand. Er fühlt, daß er etwas tun müßte. Was, das weiß er nicht so recht. Eine Auseinandersetzung auf rationaler Ebene ist in der Regel nicht möglich. Ratschläge sind oft deplaziert, Verordnungen nicht sinnvoll. Der Patient scheint nicht arbeitsfähig zu sein, aber sollte er einen Arbeitsbefreiungsschein in diesem Zustand bekommen, trinkt er dann nicht gerade weiter? Einerseits erscheint der Patient manchmal unbestellt und stört durch seine Trunkenheit, andererseits versäumt er die vorgesehenen Termine. Der Arzt muß mit entsprechenden Gefühlen und Affekten fertig werden. Auch den abstinenzbereiten Patienten, der rückfällig wurde, erlebt der Arzt manchmal als eine eigene Niederlage oder als Versagen des Patienten. Das sind Gefühle, die eine Begegnung nicht wünschenswert machen.

Der Arzt und therapeutische Mitarbeiter, der sich bezüglich Einsatzbereitschaft, Langmut, umsichtigen und konsequenten Handelns, Kooperationserfordernissen und Sachlichkeit den Anforderungen nicht gewachsen fühlt, resigniert aus persönlichen Gründen. Er wäre auch nicht in jedem Falle als Therapeut geeignet. Es gibt jedoch sehr engagierte Ärzte und Mitarbeiter, die sich der Arbeit mit Abhängigen widmen. Sie zeichnen sich dadurch aus, den Patienten jederzeit annehmen zu können, ohne sich vereinnahmen zu lassen. Sie belassen die Entscheidung über seine Lebensführung bei dem Patienten, stehen ihm aber unterstützend zur Verfügung, wenn er einen Schritt getan hat. Sie ertragen die Spannung, die entsteht, wenn sie nicht aus Gefälligkeit arbeitsunfähig schreiben und Medikamente verordnen. Sie sprechen den Patienten in günstigen Phasen bezüglich seiner Abhängigkeit an und weisen ihm Wege. Sie nehmen die Mühen der Kooperation mit Einrichtungen des Gesundheitswesens, mit Betrieben und Vertretern des familiären und gesellschaftlichen Bereichs auf sich und sehen darin eine therapeutische Notwendigkeit.

Ärzte aller Fachdisziplinen werden mit abhängigen Patienten konfrontiert. Es ist ein ständiger Informationsaustausch unter Leitung eines zuständigen Arztes, in der Regel eines Facharztes für Neurologie und Psychiatrie oder der entsprechenden Beratungsstelle für Alkohol- und Medikamentenabhängige unentbehrlich, um die Behandlung abzustimmen und gemeinsam zu arbeiten. Sonst könnte es ungewollt geschehen, daß Ärzte und Einrichtungen gegeneinander ausgespielt werden.

Gesellschaftliche und staatliche Einrichtungen – Nebeneinander oder Miteinander?

Die notwendige Kooperation aller staatlichen und gesellschaftlichen Einrichtungen, in deren Bereichen Abhängige auftreten, ist nicht ohne persönlichen Einsatz und Aufwand zu bewältigen. Probleme sind organisatorischer und fachlicher Art und erfordern einen Sprachgebrauch, mit dem sich Vertreter verschiedener Berufsgruppen einander verständlich machen können. Wenn eine Einrichtung der anderen möglichst alle Verantwortung zuschiebt, um sich selbst ihrer entledigen zu können, kann es dem Patienten leicht gemacht werden, sich seiner Verantwortung zu entziehen. Häufig möchte ein Betrieb einen Fall recht schnell an eine stationäre Einrichtung des Gesundheitswesens abgeben, weil er sich davon eine Problemlösung unter Verantwortung dieser Instanz verspricht. Man ist vergrämt, wenn die Probleme nach Entlassung des Patienten die gleichen sind. Andererseits möchte zuweilen das Gesundheitswesen gern einen Fall einer chronisch verlaufenden Persönlichkeitsfehlentwicklung an die Abteilung Innere Angelegenheiten bei den Räten der Kreise abgeben und diese leitet ihn wieder zurück. Ein gesellschaftliches Organ möchte den Abhängigen eventuell ausschließen und damit ein Problem los sein. Manche verlangen Strafen für das Trinken des Abhängigen, ärgern sich dann aber, weil Strafen nicht helfen, und rufen nach härteren Strafen, schimpfen auf das zu „milde" Vorgehen staatlicher oder gesellschaftlicher Einrichtungen. Diese Manöver verzögern nur die baldige Einengung des Spielraums des Abhängigen und behindern ein schnelles und gezieltes Eingreifen von außen. Miteinander, das bedeutet Abstimmung untereinander und Ausnutzung der jeweiligen eigenen Möglichkeiten. Eine schnellere Einsicht und Bereitschaft des Abhängigen ist zu bewirken, wenn er zu spüren bekommt,

daß seine Ausreden und Rechtfertigungen durchschaut sind, sie aber niemand persönlich nimmt,

daß alle Bemühungen auf das gleiche Ziel, ihm zu helfen, gerichtet sind,

daß die in Frage kommenden Instanzen einträchtig, abgestimmt handeln und seine Versuche, unter Berufung auf die eine Instanz seine Interessen bei der anderen auf falschem Wege durchzusetzen, scheitern,

daß Rückfälle und negative Entwicklungen nicht dem Versagen einer Instanz zugeschrieben werden können,

daß jede Instanz das ihr Mögliche zu leisten bereit ist.

Die Aussicht auf Erfolg ist desto größer, je früher der Weg zueinander offen und aufrichtig beschritten wird. Der Abhängige ist erfinderisch, sich „Hintertürchen"

offenzulassen und staatliche und gesellschaftliche Instanzen, nicht nur Ärzte, für seine Zwecke zu „benutzen" und gegeneinander auszuspielen. Deshalb sind ob-
jektivierende Rückfragen und Klärungen der Situation
unumgänglich. Wenn einerseits die erwünschte falsche
Hilfe, wie Verschweigen der Alkoholbedingtheit oder -be-
teiligung bei Schwierigkeiten, Tarnung der Folgen der
Abhängigkeit oder Befreiung von den Sanktionen für
solche Folgen, verweigert werden muß, dürfen wir niemals vergessen, in Abstimmung aller Beteiligten dem
Betroffenen den Weg zu weisen, den er unter Überwindung aller Ängste zur Sicherung seiner Existenz be-
schreiten kann. Gerade für solchen gemeinsamen Weg
bieten die Verhältnisse unserer sozialistischen Gesellschaft die denkbar günstigsten Voraussetzungen.

Von der Beherrschung durch Alkohol zur Beherrschung des Alkohols

Es kommt ein Zeitpunkt, an dem der abstinenzbereite Abhängige erkennt, daß er seiner Krankheit nicht schicksalhaft ausgeliefert ist. In ihm regen sich neue Kräfte. Seine Lebenszuversicht und -bejahung wachsen. Früher übersehene Wege zur Lösung seiner Lebensprobleme tun sich wieder für ihn auf. Die Begegnung und der Austausch von Erfahrungen mit anderen Betroffenen vertiefen seine Hoffnung und Überzeugung, daß er, wenn er Suchtmittel meidet und nicht in alte Fehler und Schwächen zurückfällt, über gleiche, ja sogar zusätzliche Möglichkeiten der Selbstverwirklichung verfügt wie vor Beginn der Abhängigkeit. Das verlorengegangene Vertrauen in die eigenen Kräfte, Fähigkeiten und Möglichkeiten kehrt langsam zurück. Es wird dem Abhängigen bewußt, daß es ein passiv-bequemes Dasein im Sinne eines Herausgenommenseins aus Auseinandersetzungen nicht gibt. Den neuen Weg zu verfolgen und die gewonnene Lebenshaltung zu festigen ist alles andere als selbstverständlich. Notwendige Entwicklungsimpulse werden durch die aktive Mitarbeit in einer therapeutischen Gruppe und den Gedankenaustausch mit abstinenzerfahrenen Abhängigen und Therapeuten aufgenommen. Sie finden ihren Ausdruck in einem engagierten Leben. Mancher Abhängige wußte von seiner Erkrankung nichts und vermochte sich bisher weder sein Trink- noch Gesamtverhalten zu erklären. Folglich konnte er sich auch nicht aus der Verstrickung seiner Gefühle und Strebungen befreien. Mit dem durch die

Behandlung erworbenen Wissen und einer klaren eigenen Haltung zur Abstinenz lassen sich manches persönliche Versagen, Verwirrung, Schuldgefühle und Aggressionen erklären und künftig vermeiden. Lebensziele werden zuversichtlicher und zielstrebiger angegangen. Der abstinent Gewordene tritt Problemen mit mehr Gelassenheit und Selbstsicherheit entgegen, meistert sie systematisch. Ihre Lösung erfordert Überblick, Durchhaltevermögen und -Anstrengungsbereitschaft. Wenn das trotzdem erforderliche Glück, das auch der Tüchtige braucht, einmal ausbleibt, erweckt dieser Umstand nicht gleich Verzweiflung. Allerdings ist der Optimismus als Ausdruck der neuen Haltung nur in Verbindung mit einer realistischen Lebenssicht nützlich. Sonst würden Enttäuschungen und Verunsicherungen nicht ausbleiben, Mut und Zuversicht sich schnell in Resignation verwandeln. Der persönliche Anspruch bezüglich eigener Leistungsfähigkeit, sozialer Beachtung und Beliebtheit muß auf ein realistisches Maß reduziert werden. Jeder muß sich nicht nur mit seinen Vorzügen, sondern auch mit seinen Mängeln annehmen können. Langjährig Abstinente zeichnen sich in der Regel durch bestimmte Merkmale aus:

Es ist ihnen weitgehend gelungen, im beruflichen und familiären Leben Erfüllung zu finden.

Sie streben ganz bewußt eine interessante Freizeitgestaltung an, besitzen vielseitige Interessen und haben ihren Bekanntenkreis neu aufgebaut.

Ihre Mitarbeit in den therapeutischen Gruppen ist überwiegend konstruktiv. Sie bereichern das Gruppenleben durch viele Aktivitäten.

Sie bringen häufig zum Ausdruck, daß sie in ihrer therapeutischen Gruppe für sich einen Halt und gleichzeitig eine Aufgabe sehen, andere Menschen zu verstehen und ihnen zu helfen.

Das Gefühl der Zufriedenheit, das diese Aktivitäten hervorrufen, ist der Euphorie, die der Alkohol auslöst, weit überlegen. Dadurch wird es zunehmend leichter, Versuchungssituationen erfolgreich zu widerstehen und Risikofaktoren auszuschalten. Eine vernünftige Lebensplanung führt zu einem geordneten Alltag und zu konkreten Zielvorstellungen über die persönliche Entwicklung und die Gestaltung wichtiger Lebensumstände. Wo Langeweile und Ziellosigkeit im Tagesablauf Platz haben, ist die Gefahr des Rückfalls groß.

Die bewußte Gestaltung des Lebens gehört unlösbar zu der Absicht, abstinent zu bleiben.

Stabilisierung der Familienbeziehungen

Während einer „Trinkerkarriere", wie auch bei jeder anderen Abhängigkeit, haben die Familienmitglieder mehr und mehr soziale Funktionen des Abhängigen übernommen, ihm die Verantwortung abgenommen. Als Mitbetroffene müssen daher Familienangehörige oft in die Therapie einbezogen werden. Die erfolgreiche Behandlung mit Verwirklichung der Abstinenz durch den Kranken hat tiefgreifende Auswirkungen auf die Familie: Die Abstinenz stellt eine Voraussetzung dar, daß eigenverantwortliches Verhalten wieder aufgenommen und neue Formen der Bewältigung der Familienprobleme probiert werden können. Dies verlangt von allen Beteiligten partnerschaftliche Einsicht und Bereitschaft und schließt auch den Verzicht auf übernommene und überkommene Vorrechte der anderen Mitglieder mit ein, wenn die Notwendigkeit dafür fortgefallen ist.

Wenn die Abstinenz des Kranken von allen Familienmitgliedern sachlich anerkannt ist — eine unbedingte Notwendigkeit für den Erhalt der Familienbeziehung —, ist noch längst nicht alles getan. Der Abhängige selbst muß aktiv, mutig und ausdauernd daran arbeiten, seine Familienangehörigen von seiner neuen Haltung zu überzeugen. Letztendlich erreicht er das nur durch sein Verhalten. Es ist der Abhängige, der an sich glaubt und dadurch erst wieder den Glauben an seine Fähigkeiten und an seine Zuverlässigkeit bei den anderen herstellt.

Durch die Änderung seines Verhaltens weit über bloße Abstinenz hinaus weckt er die Bereitschaft der Familienmitglieder, sich ihrerseits zu ändern. Durch seine Zuverlässigkeit und Berechenbarkeit wird er wieder angenommen. Durch die Übernahme von Verantwortung wird er wieder geachtet. Durch seine Aufrichtigkeit und Offenheit im Umgang mit Gefühlen wird er wieder beliebt. Länger Abstinente merken ihre Veränderung ganz deutlich. Das zeigen folgende – hier sinngemäß wiedergegebene – Äußerungen:

Während ich früher, damit sie mir verzeihen, um die Gunst des Partners und anderer Familienmitglieder buhlte, kann ich jetzt die anderen verstehen, ihre Haltung akzeptieren, Distanz wahren.

Während ich früher nur mich in innerer Verstrickung, Verzweiflung und Not wahrnahm, nehme ich jetzt den anderen mit seinen Gefühlen und Empfindungen deutlicher wahr.

Während ich früher wie ein Kind reagierte, trotzig, aggressiv, mit Imponiergehabe, kann ich jetzt bei dem anderen Verständnis für meine Wünsche und Gefühle erwecken.

Während ich früher aufgegeben oder mich endlos gerechtfertigt habe, bewahre ich mich schon viel gelassener und kann auch mit Enttäuschungen im Sinne erlebter Ungerechtigkeiten fertig werden.

Solche Veränderungen führen zu völliger Neuordnung der Familie. Dabei erlebt der Abstinente sich und seine Familie bewußter und stärker als früher. Er fühlt sich verantwortlich, diese positive Entwicklung durch anhaltende Abstinenz fortzuführen.

Stellung im Arbeitsprozeß

Die Alkoholkrankheit bevorzugt keine bestimmte soziale Gruppierung. Sie findet sich in allen Berufen und Berufsgruppen, auch bei Frauen und Heranwachsenden. Vorbehalte des Umfeldes gegenüber dem behandelten

Kranken resultieren aus zwei Bereichen: zum einen aus der Furcht, wieder enttäuscht zu werden, wiederum bloßen Versprechungen aufzusitzen, und zum anderen aus dem nicht leicht verständlichen Verhalten des Kranken, das seinem Bemühen um Abstinenz entspringt. Er gilt nun plötzlich als Außenseiter, „hält nicht mehr mit", obwohl ihm doch „ein Gläschen nicht schaden könne". Fehlendes Verständnis behindert die Verwirklichung einer neuen sozialen Rolle als „Nicht-mehr-Trinker" und kann ein neues Versagen, auch einen Rückfall auslösen. Der abstinent Lebende fühlt sich anfänglich gewiß unsicher und hat es nicht leicht, sich in eine neue Rolle hineinzufinden. Es gibt Beispiele und Beweise, wie er es bedacht und in kleinen Schritten schaffen kann, gleich ob er sich dort bewährt, wo er „eingebrochen" war, oder ob er den Arbeitsplatz gewechselt hat. Es ist desto leichter, je mehr er auf frühere Fähigkeiten, Verdienste und Leistungen aufbauen kann. Es ist schwer, wenn er sich in jeder Hinsicht mit neuen und ungewohnten Aufgaben und Forderungen konfrontiert sieht.

Wesentliche Voraussetzung ist das offene Bekenntnis zur Abstinenz. Mit erklärenden Informationen über die Krankheit, eigenen Erfahrungen und Vorsätzen gegenüber dem engeren Umfeld (Kollektiv) verschließt sich der Abhängige wesentliche „Hintertürchen", den Abstinenzvorsatz zu durchbrechen. Erst danach erwirbt er sich durch Zuverlässigkeit und seine Leistung das erforderliche Ansehen und Vertrauen für eine gute Stellung im Kollektiv und im Betrieb. Manche können sich gerade in der Anfangszeit noch nicht angemessen durchsetzen und vor sie überfordernden Aufgaben schützen. Sie laufen Gefahr, sich zu übernehmen, in Bedrängnis zu geraten, daran zu verzweifeln. Die unbewußte Haltung, früheres Versagen „gutmachen" zu müssen, kann auch nach monatelanger Abstinenz zu solcher Belastung werden, daß sie den Rückfall bedingt. So ist es ein jahrelanger Prozeß, in dem der Abstinente schrittweise versuchen sollte, sich eine seinen Fähigkeiten entsprechende Stellung aufzubauen und die erforderliche soziale Auseinandersetzung zu bewältigen. Der Erfolg dieses Prozesses hängt von seiner Geduld, seiner Sachlichkeit in der Auseinandersetzung, seinem Realitätssinn und seiner Fähigkeit, mit Verletzungen fertig zu werden, ab.

Hilfe für andere

Aus der Erkenntnis, sich selbst helfen zu können, entwickelt sich bei vielen Abhängigen ein Interesse an psychischen und sozialen Prozessen. Sie betrachten eigenes Verhalten und das ihrer Mitmenschen aus einem neuen Blickwinkel heraus. Dabei wird der Wunsch offenbar, anderen zu helfen, denen die eigene Erfahrung nützlich sein könnte. Am häufigsten ist die Haltung anzutreffen:

„Ich möchte nun weitergeben, was ich erlebt und erfahren habe, und damit anderen Hoffnung geben, daß sie sich zutrauen, Ähnliches zu schaffen. Auch mir wurde mein Weg erst so richtig klar, nachdem ich mich mit jemandem unterhalten hatte, dem es so ähnlich ging und der es geschafft hatte."

Abstinente Abhängige zeigen unter diesem Aspekt eine hohe Bereitschaft, mit Gefährdeten, mit in ähnlichen Lebensschwierigkeiten Steckenden zu sprechen. Durch ihre Offenheit und akzeptierende Haltung festigen sie dabei gleichzeitig ihren Standpunkt zur eigenen abstinenten Lebensführung und leisten wertvolle gesellschaftliche Arbeit. Sie bemerken in dieser Arbeit ihre Möglichkeiten und Grenzen und äußern den Wunsch, sich für diese Arbeit auch bilden zu wollen, von „Fachleuten" lernen zu können. Das individuelle Engagement wird in der organisierten Form therapeutischer Gruppen in Einrichtungen des Gesundheits- und Sozialwesens besonders wirkungsvoll. Die Gruppen sind in der Lage, die Mitglieder ihren Fähigkeiten entsprechend einzusetzen und planmäßig sowohl gezielte individuelle Informationen und Hilfen zu geben als auch Öffentlichkeitsarbeit zu leisten. Indem therapeutische Gruppen zum festen Bestandteil des gesellschaftlichen Lebens in den Städten und Gemeinden werden, ändert sich die öffentliche Meinung über den Abhängigen, „Süchtigen" allmählich in positiver Richtung. Auch das ist ein jahrzehntelanger Prozeß.

Einfluß auf das Bild vom Alkohol- und/oder Medikamentenabhängigen in der Gesellschaft

Die „öffentliche Meinung" ist bisher erheblich von dem Verhalten des unbeeinflußbaren, resignierenden, in seinen Abstinenzbemühungen scheiternden Kranken geprägt worden. Den abstinenten Abhängigen nimmt die Umwelt oft gar nicht mehr wahr. Sie nimmt ihn sehr bald als einen Unauffälligen und damit „Normalen" an. Der abstinente Abhängige trägt kein Schild um den Hals, etwa mit der Aufschrift „Ich bin Alkoholiker".

Ein Rückfall, der vielleicht weniger lange gedauert hat als eine Grippe eines anderen Menschen, wird durch die Umwelt oft überbewertet, obwohl der Abhängige monatelang positives Verhalten im familiären, betrieblichen und gesellschaftlichen Bereich gezeigt hat und danach (nach einem kurzen Rückfall) auch wieder zeigen wird. Wer nur die Kategorien „schwarz" und „weiß" kennt und Mitmenschen darin einordnet, ist geneigt, den Abhängigen als „schwarz" festzuschreiben und sich zu freuen, ja gegebenenfalls zu brüsten, selbst nicht „so" zu sein. Es gilt für Abhängige und Therapeuten, viele Vorurteile durch Tatsachen zu widerlegen und geduldig, in jahrelangem individuellem Bemühen den Beweis zu erbringen, daß dem Abhängigen auf der Grundlage der Abstinenz die Lebensbewältigung gelingt und er dabei zu einem wertvollen Mitglied unserer Gesellschaft werden kann. Da Vorurteile der gesellschaftlichen Entwicklung nachhängen, kann dieser Prozeß nicht so rasch abgeschlossen sein. Die wachsende Aufmerksamkeit, die dieser Problematik aus staatlicher und gesellschaftlicher Sicht entgegengebracht wird, erleichtert es dem einzelnen, seinen „Alkoholikerstatus" rechtzeitig zu akzeptieren und sich mit den Zielen der therapeutischen Gruppen zu identifizieren.

Erinnern wir uns: Schon in einer frühen Phase der Entwicklung der Alkoholabhängigkeit kam es zu einem „Bedeutungswandel" des Alkohols; er wurde aus einem Genußmittel zu einer Droge. Mit der Verwirklichung und Festigung der Abstinenz kommt es ein weiteres Mal zu einem Bedeutungswandel: Alkohol verliert für den nun abstinenten Kranken seine wichtige, zentrale Stellung. Der bisher von ihm eingenommene Platz wird leer, mehr noch, er wird frei für andere, wertvolle, echte Lebensinhalte.

Alkohol verliert für den Abstinenten seinen Wert, indem er sich bemüht und bestrebt ist,
Fehleinstellungen und Fehlhaltungen zu überwinden,
neue Leitvorstellungen und Leitbilder zu übernehmen,
Versuchungssituationen zu bewältigen und als bedeutungsloser bewerten zu können,
mit Lebensschwierigkeiten besser fertig zu werden,
bisher nur im Rausch erlebte Befriedigungen auf andere Weise zu erleben,
auf äußere Betäubung auf Grund einer gewonnenen inneren Gelassenheit zu verzichten,
eine Trinkkumpanei durch echte menschliche Beziehungen zu überwinden.

Die Gruppe –
Stütze und Weg
zum alkoholfreien Leben

Behandlung und Betreuung sind für lange Zeit notwendig. Das wird deutlich, wenn wir uns nochmals unser sehr anspruchsvolles Therapieziel vergegenwärtigen.
1. Anhaltende Abstinenz ist nur zu einem gewissen Teil (eben nur zeitweilig) eine Frage der Willensbeherrschung, sie hängt im wesentlichen von den genannten Fähigkeiten zur Lebensbewältigung ab. Der Abhängige soll langzeitig solche Fähigkeiten entwickeln und festigen. Das kann er nur durch kontinuierliche Auseinandersetzung mit sich und anderen.
2. Bei einer bereits fehlentwickelten, durch Alkohol oder Medikamente geschädigten Persönlichkeit gilt es, ein Defizit auszugleichen und die Möglichkeiten für jeden einzelnen zu finden, durch die er zu neuen Zielen und Fähigkeiten gelangen kann.
3. Es ist nicht zufällig, sondern selbstverständlich, daß der lange Zeit abstinente Abhängige in vielem „überdurchschnittlich" geworden ist und auch werden muß, wenn er so bewußt an sich arbeitet. Es können verschiedene, aber jeweils sehr ausgeprägte Eigenschaften sein, die Grundlage für neue, außergewöhnliche Einstellungen, Haltungen und Fähigkeiten werden. Die neugewonnene Lebensqualität schließt eine solche Belastbarkeit ein, daß Kurzschlußhandlungen und damit auch Rückfälle immer unwahrscheinlicher werden.

Es empfiehlt sich und ist für den Abhängigen geradezu erforderlich, die wachsende Stabilität im Schutze und mit Hilfe der therapeutischen Gruppe zu erwerben. Allein auf sich gestellt wird ein Abhängiger den Weg zur bewußten und zufriedenen Abstinenz nur selten finden.

Eine nur durch Angst veranlaßte oder von ihr getragene Abstinenz kann die meist vorhandene, tiefe Unzufriedenheit mit der eigenen Lebenslage und Lebensführung nicht aufheben. Sie wird deshalb oft nicht lange durchgehalten. Durch die Eingliederung des Abhängigen in therapeutische Gruppen werden seine Aussichten, für das ganze weitere Leben die Kraft und das Selbstvertrauen für die notwendige Abstinenz aufzubringen, größer. Therapeutische Gruppen abstinent lebender Alkoholiker und Medikamentenabhängiger unter den Bedingungen der entwickelten sozialistischen Gesellschaft erleichtern Kranken die Einhaltung eines krankheitsgerechten Verhaltens und die Verwirklichung der Inhalte und Normen sozialistischer Lebensweise. Durch die Mitarbeit in therapeutischen Gruppen

stabilisiert sich der Abhängige in seiner abstinenten Lebensführung und kann Versuchungssituationen widerstehen lernen,

legt er sich und anderen Rechenschaft über seine Bewährung im Alltag ab und lernt, sich und seine Umwelt realistisch wahrzunehmen,

wird er in seiner Lebensführung unabhängiger, eigenständiger, eigenverantwortlicher und damit wieder selbstsicherer,

holt er sich Unterstützung bei der sozialen einschließlich beruflichen Wiedereingliederung und der Lösung von Problemen,

schafft er sich neue, wertvollere Freizeiterlebnisse, gewinnt er die Fähigkeit, anderen zu helfen.

Touristische, kulturelle und andere Vorhaben, in die Angehörige und Kollegen einbezogen werden können, gewinnen zunehmend an Bedeutung und runden das Gruppenleben ab.

Ziel der Bemühungen ist, sich nicht nur mit der Abstinenz auseinanderzusetzen, sondern es den Betroffenen zu erleichtern, sich in ihr soziales Umfeld einzugliedern, aktiv Beziehungen zu diesem aufzunehmen, das Gefühl sozialer Vollwertigkeit und persönlichen Glücks zu erlangen. Die schrittweise Realisierung von Nah- und Fernzielen vollzieht sich als bewußter Prozeß. Die Ursachen für den Verlauf des bisherigen Lebens, für viele Mißerfolge und Konflikte werden in der Gemeinschaft von Menschen, die an der gleichen Krankheit leiden, nachhaltiger begriffen. Zugleich wird der Ausweg aus vielen Schwierigkeiten und Bedrängnissen gewiesen. In der Gruppe findet der Abhängige Gefährten, die ihren Weg zur Abstinenz gefunden haben, die ihn verstehen, und ihm trotzdem ungeschminkt die Meinung sagen. Er wird andererseits selbst zum Vorbild und gibt anderen Hoffnung und sozialen Halt. Außerdem wirkt die Gruppe entlastend. Keiner bleibt allein auf sich gestellt, seiner Abhängigkeit ausgeliefert. Nicht jeder muß negative Erfahrungen selbst machen, sondern man kann aus dem Fehlverhalten anderer Gruppenmitglieder lernen.

Es gibt viele Überlegungen zu der Frage: Was hilft dem einzelnen in seiner Gruppe? Einige davon sind in folgenden Punkten zusammengefaßt worden:

■ Die Informationen über Abhängigkeit, Sinn der Abstinenz, Probleme der Verwirklichung der Abstinenz werden von jedem Mitglied nach und nach aufgenommen und verarbeitet. Das geschieht anfänglich noch am Beispiel eines anderen Gruppenmitglieds, aber dann zunehmend offen und ehrlich auf sich selbst bezogen.

■ Jeder fühlt sich in seiner Gruppe angenommen. Das Gefühl der „Gleichheit" erweckt Hoffnung und Mut.

■ Die Gruppe erfährt ihren Zusammenhalt aus dem Gefühl ihrer Mitglieder, gebraucht zu werden und helfen zu können.

■ Jeder lernt, seine Erfahrungen in Worte zu fassen, auszudrücken und auszuwerten. Er kann Erfahrungen anderer übernehmen und erhält Anregungen zur Verhaltensänderung.

■ Verhaltensmodelle werden so lebendig, überzeugend und nachvollziehbar dargestellt, daß sie leicht übernommen werden können.

■ Im Umgang miteinander werden Wahrnehmungen und Einstellungen zwischenmenschlicher Art korrigiert.

Die Entwicklung der zwischenmenschlichen Beziehungen führt zu neuen Selbsterkenntnissen.

■ In der Gruppe werden Gefühle geäußert. Der offene Umgang auch mit negativen Gefühlen führt zu höherer Kritikverträglichkeit und damit höherem Selbstbewußtsein des einzelnen.

■ Die Gruppe übt mehr als der Therapeut auf jedes Mitglied Druck zur Übernahme der Verantwortung für sich selbst, für die freie Entscheidung aus. Sie erzieht zur Eigenständigkeit in der ständigen Auseinandersetzung mit der Umwelt.

Therapeutische Gruppen sind unterschiedlich groß. Sie treffen sich regelmäßig, wie beispielsweise täglich (unter stationären oder tagesklinischen Bedingungen) oder wöchentlich (unter ambulanten Bedingungen), seltener in Nachbetreuungsgruppen, und bearbeiten in gemeinsamen Gesprächen entsprechend einem zugrunde gelegten Konzept und den aktuellen Ereignissen die Probleme der Gruppenmitglieder. Voraussetzung der Teilnahme am Gespräch ist Alkoholfreiheit, Ziel der Gespräche ist die Lebensbewältigung unter Voraussetzung der Abstinenz. Dabei merkt jeder früher oder später, daß Abstinenz nur eine Erscheinung einer umfassenden Änderung seiner Persönlichkeit und seines Lebensstils ist.

Die Organisation der therapeutischen Gruppen erfolgt in verschiedenen Einrichtungen des Gesundheits- und Sozialwesens, die Träger der Verantwortung und Arbeit auf diesem Gebiet sind. Unterschiede ergeben sich selbstverständlich auf Grund

der territorialen Bedingungen und Besonderheiten einschließlich solcher Gegebenheiten wie Entfernungen, Fahrverbindungen usw.,

der Besonderheiten der strukturellen Einordnung der Gruppe in das übergeordnete System der Betreuung im Bezirk oder im Kreis,

der Besonderheiten in Mentalität, Familienverbundenheit, Haltungen der Gruppenmitglieder,

des therapeutischen Stils des Gruppenleiters.

Über Unterschiede sollte nicht gestritten, sondern sie sollten im Sinne der Weiterentwicklung genutzt werden. Gemeinsame Grundsätze und Prinzipien sind:

Jeder Abhängige, der die Notwendigkeit der Abstinenz nicht nur anerkennt, sondern sie auch verwirklicht, kann in die Gruppe aufgenommen werden.

Er verpflichtet sich, regelmäßig an den Gruppenveranstaltungen teilzunehmen und sich *vor* Verhinderungen zu entschuldigen.

Er ist um Freimütigkeit, Ehrlichkeit, Hilfsbereitschaft und aktive Mitarbeit in der Gruppe bemüht und erfüllt die Festlegungen der Gruppe.

Er berichtet jeden Rückfall der Gruppe und wertet ihn mit ihr aus. Gegenüber Rückfälligen gibt es Verständnis, aber kein Mitleid. Es geht um Abstinenz statt Selbstzerstörung der Persönlichkeit.

Alle Gespräche in der Gruppe werden gegenüber Außenstehenden vertraulich behandelt.

Voraussetzung für die Gruppenarbeit ist die Festlegung geeigneter Bedingungen für die Gruppentreffen:

Ort und Zeit, Gewährung der Teilnahmemöglichkeit unter den gegebenen Wohn- und Arbeitsbedingungen, Organisation und Planung: Die Gruppen erarbeiten sich in Absprache mit der Trägereinrichtung und unter Berücksichtigung der territorialen Bedingungen Arbeitspläne und -richtlinien entsprechend ihren Vorstellungen, Leitung unter Beachtung des Mitsprache- und Vorschlagsrechts aller Gruppenmitglieder,

Regelungen und Hilfsmittel, wie Telefon- und Anschriftenverzeichnis, die ein schnelles Eingreifen in Krisensituationen ermöglichen.

Die Entwicklung der Gruppe verläuft in *Phasen,* die wie folgt charakterisiert werden können:

1. Es entwickelt sich Vertrauen zueinander. Hemmungen und Vorurteile werden abgebaut, persönliche Kontakte werden aufgebaut. Erkenntnisse über die Krankheit werden vertieft.

2. Das Problembewußtsein verstärkt sich. Behandlungsmöglichkeiten und persönliche Rehabilitationschancen werden erkannt. Individuelle Abstinenzstrategien werden gefunden und erprobt.

3. In der Auseinandersetzung in der Gruppe werden die eigenen Grenzen und Möglichkeiten erkannt, Interessen erweckt und wertvolle Verhaltensweisen verinnerlicht. Jeder hilft sich dadurch selbst, indem er anderen Gruppenmitgliedern hilft und bewußt gesellschaftliche Werte mitgestaltet.

Eine tragfähige Beziehung der Gruppenmitglieder zueinander ist die Voraussetzung für die Verringerung der Rückfallquote und für das Erreichen der gesetzten gemeinsamen Ziele.

Eine therapeutische Gruppe wird im Verlaufe der Jahre immer dynamischer und beginnt gegebenenfalls nach ein bis drei Jahren Abstinenz der Gruppenmitglieder auch chronische Konflikte der individuellen Persönlichkeitsentwicklung zu bearbeiten. Der Übergang jedes Gruppenmitglieds vom passiven zum aktiven Verhalten, vom Objekt zum Subjekt der Maßnahmen in der Gruppe und die Wandlung der Rolle des Therapeuten vom initiierenden und beschützenden zum partnerschaftlichen Verhalten vollzieht sich langsam und kann nicht erzwungen werden, wenn für die Betreffenden und die Gesellschaft etwas Sinnvolles und Nützliches erreicht werden soll. Schon der unterschiedliche Entwicklungsstand der Gruppenmitglieder bezüglich der genannten Kriterien regt die Gruppengespräche und -auseinandersetzungen an. Zum Beispiel unterschrieb eine junge Frau auf einer Neujahrskarte an die Therapeuten „Ihre Schützlinge". Diese Formulierung erregte den Widerspruch einer Fortgeschritteneren, die noch vor ein paar Monaten ähnlich geschrieben oder empfunden hätte und sich inzwischen ihrer Eigenverantwortung bewußt geworden war. Gegenstand der Gruppengespräche sind auch die individuellen Beziehungen zu Partnern, Eltern, Kindern, Umwelt, die Überprüfung von Einstellungen und Erwartungen in allen

Lebensbereichen. Erst in einem sehr fortgeschrittenen Stadium der Gruppe können Inhalte der gesellschaftlichen Arbeit hinzukommen, die die Bezeichnung therapeutische Gruppe im eigentlichen Sinne des Wortes nicht mehr gerechtfertigt erscheinen lassen. Der Sinn der Gruppe, die Abstinenz, bleibt dennoch auf Grund der durch die Abhängigkeit gegebenen Übereinstimmung der individuellen Vorgeschichten bestehen.

Die Frage, wie offen oder geschlossen eine Gruppe sein sollte, beantwortet sich aus dem Gedanken der Langzeitbetreuung heraus. Wir bezeichnen die Gruppe deshalb als „halboffen". Eine völlig geschlossene Gruppe ist nur zeitlich begrenzt unter bestimmten stationären und ambulanten organisatorischen Voraussetzungen möglich und kann eine „Episode" mit bestimmten engeren Zielsetzungen im Leben des einzelnen sein. Andererseits können Gruppentreffen nicht zu „öffentlichen Veranstaltungen" werden, bei denen jeder, wie er will, kommen und gehen kann, weil dann gerade die Gruppenvoraussetzungen als Bedingungen des Erfolges nicht zum Tragen kämen. Ein neues Gruppenmitglied wird in der Regel durch individuelle Vorarbeit wie Einzelgespräche, Aussprachen, Besuche gewonnen. Ein Mitglied kann aus persönlichen Gründen vorübergehend oder ständig ausscheiden, gegebenenfalls auch die Gruppe wechseln. Die Einbeziehung der Angehörigen, insbesondere der Partner, ist unentbehrlich. Die regelmäßige Arbeit mit den Familien ist noch nicht gewährleistet. Gemeinsame Veranstaltungen, Feiern zu Höhepunkten, Wochenend- und Urlaubsgestaltung mit Angehörigen sind noch selten, aber werden von immer mehr Gruppen angestrebt. Die Gespräche mit Angehörigen, einzeln und in der Gruppe, sind selbstverständlicher Bestandteil der meisten Therapieprogramme. Paargruppentherapie (Gruppentherapie mit einigen Paaren) und Familientherapie werden wegen des Aufwandes und der Schwierigkeiten nur selten durchgeführt.

Erstes Erkenntnisziel für Partner und Angehörige in der Gruppe ist folgendes:

Die Ursachen der eingetretenen, für die Familie leidvollen Situation werden nicht dem Abhängigen als Schuld zugeschrieben, sondern den Gesetzen des Krankheits- und Entwicklungsverlaufs untergeordnet. Die Familienmitglieder sind überfordert, von allein die Problematik der Krankheit zu verstehen. Dem muß die zweite Erkenntnis folgen: Der Abhängige muß seine Zukunft selbst in die Hand nehmen. Kein Angehöriger kann ihm seine Verantwortung dafür abnehmen, nicht aus Liebe, um ihn umhegen und hüten zu wollen, und nicht aus Rache und Verzweiflung, um den Abhängigen zu kontrollieren und zu entmündigen. So lernen es die Angehörigen — und das nicht zuletzt durch die Gruppenarbeit — den Abhängigen bei der Wiederherstellung seiner Selbständigkeit und Unabhängigkeit zu unterstützen, indem sie mit ihm die möglichen Formen beraten und abstimmen. Dieser Prozeß erfordert Geduld, Vertrauen, Konsequenz und Eigenständigkeit, wie sie vielleicht nicht jeder aufzubringen vermag.

Abstinenz
ist nicht nur Aufhören

Durch die Abstinenzbereitschaft allein hat sich der Abhängige noch nicht sehr geändert. Von dem, was er hinter sich hat, fühlt er sich mehr oder weniger angegriffen, durch das, was er vor sich hat, gespannt und beunruhigt.

Aber: Abstinenz ist die Grundlage für die Lösung anstehender Probleme.

Sie ist deshalb der Schwerpunkt allen Denkens und Handelns in den ersten Jahren. Wer das nicht wahrhaben will und etwa mit den Worten ablehnt: „Ich kann das Wort Alkohol schon nicht mehr hören. Ich möchte mich mit anderen Themen beschäftigen, damit ich nicht mehr an das Alkoholproblem erinnert werde", scheitert in der Regel schon, bevor er so recht begonnen hat.

Abstinenz ist zwar nur auf der Basis des eigenen Wollens möglich, aber nicht etwa nur eine Frage der Willensbeherrschung. Jedem, der nicht selbst Leistungen zur Überwindung einer eigenen Abhängigkeit erbracht hat, sollte man auch das Recht absprechen, dem Alkoholabhängigen Willensschwäche im Falle eines Rückfalls zu unterstellen. Willensbeherrschung wäre nicht Sekunde für Sekunde über Jahre und Jahrzehnte hinweg ununterbrochen durchzustehen, kostete auf die Dauer viel zuviel Kraft. Allein der Gedanke an eine lebenslängliche Willensanstrengung auf diesem einen Gebiet, ohne nur einmal versagen zu dürfen, ist beängstigend. Der um den Neubeginn Kämpfende merkt nach jedem Rückfall, daß es immer schwerer wird, die Kraft läßt nach. Die meisten Abhängigen haben solche Versuche hinter sich und wissen von den inneren Kämpfen.

Neue Verhaltensweisen und -strategien sind wichtige

Bedingungen für die Aufrechterhaltung der Abstinenz. Wir wollen sie in zwei Gruppen unterteilen: Verhaltensweisen zur *Entspannung* und *Beruhigung,* Verhaltensweisen zur *Selbstkontrolle.*

Die zu erlernenden Verhaltensweisen hängen von den persönlichen Besonderheiten, Lebensgewohnheiten, Fähigkeiten und Ideen ab sowie von den Schwerpunkten, die der Betroffene zuerst in Angriff nehmen will. Das setzt eine individuelle Analyse und ein individuelles Vorgehen voraus. An dieser Stelle werden zur Veranschaulichung Beispiele aufgeführt, die weder vollständig sein können noch für jeden zutreffen müssen.

■ *Pausen und Ruhepunkte einlegen!*

Möglichst regelmäßige Pausen und Ruhepunkte sollen verhindern, daß sich der Betroffene kopflos in etwas, in die Arbeit, aber auch in soziale Verstrickungen oder einengende negative Gefühle und Ängste hineinsteigert. Die Methoden dazu müssen in den Lebens- und Arbeitsstil eingepaßt werden. Manches Vorgehen kann erst beurteilt werden, wenn es ausprobiert, erlebt und individuell abgewandelt wurde. Diesem Zweck dienen natürlich Schlaf und Ruhe, aber auch Entspannungsübungen verschiedener Art, alkoholfreie Getränke und Essen, Zeremoniells der Teezubereitung, des Kochens und ähnliche, Musik und zerstreuende Unterhaltungen, Handarbeiten, Blättern in Zeitungen oder Bildbänden nach Interessenlage, Gehen oder Laufen auf vorher festgelegten Wegen, wie zum Fluß, zum Park, um Spielplätze usw., Baden, Sauna, Spielen im Sinne früherer Hobbys. Die regelmäßigen offenen Gespräche in den therapeutischen Gruppen sind für fast jeden erleichternde und entspannende Punkte im Wochenablauf, die er braucht.

■ *Beruhigung des schlechten Gewissens versuchen!*

Jeder kann bemerken, wodurch er sich in Hektik und Probleme treiben läßt. An solchen Stellen sind bewußte und vorsätzliche Gegenargumente und Verhaltensweisen nötig. Das setzt Mut zum Anderssein und Bereitschaft, anders zu werden, voraus. Beispiele sind:

„Wenn ich jetzt eine Arbeit liegenlasse, nütze ich mir

146

und anderen mehr, als wenn ich mich hineinsteigere und dann plötzlich wieder ‚durchdrehe' und trinke."

„Wenn ich mir jetzt Ruhe gönne, obwohl sich ein anderer mehr freute, wenn ich mich ihm widme oder ihn verwöhne, kann ich danach ein zufriedenerer und ausgeglichenerer Partner sein, als wenn ich mir nicht erlaube, mich auszuruhen."

„Wenn ich meine Gefühle oder Wünsche ausspreche, auch wenn es mir schwerfällt, ist es mir danach leichter ums Herz, und ich fühle mich wohler und lockerer, als wenn ich alles in mich hineinfresse."

„Wenn ich in meine Gruppe oder zu meinem Freundeskreis gehe, obwohl mein Partner eifersüchtig darauf ist, helfe ich mir und ihm mehr, als wenn ich aus falscher Rücksichtnahme zu Hause bleibe und von ihm immer abhängiger werde."

Das sind Beispiele, die für unendlich viele andere individuelle Möglichkeiten und Notwendigkeiten stehen.

■ *Körperliche Bewegung suchen!*

Bewegung – nicht zu schwere – soll körperlich und psychisch lockern. Es ist erforderlich, sich nicht zur Ruhe zu zwingen, sich aber auch nicht hetzen zu lassen. Geeignete Formen, die sich jeder selbst aussuchen kann, sind Wandern, Radfahren, Laufen, Gartenarbeiten, Spielen mit Kindern, Sportgruppen verschiedener Art…

■ *Bevorstehendes vorausbedenken!*

Es sollte nicht sein, daß der Abhängige sagt: „Mal sehen, was auf mich zukommt." Er kann lernen vorherzusehen, was auf ihn zukommen könnte. Dann kann er sein Verhalten vorbereitend durchdenken. Mögliche Reaktionen können sein,

daß er bestimmte Situationen meidet, wenn er sich ihnen noch nicht gewachsen fühlt oder wenn sie ihn zu sehr beunruhigen oder verwirren. (Das Meiden kann sich auf Kaufhalle, Bar, Eckkneipe, Feier mit Alkohol, bestimmte Menschen, Wochenendtätigkeiten und viele andere Dinge beziehen.)

daß er gewohnte Bedingungen ändert und Umwege in Kauf nimmt, um Gefährdungspunkte zu umgehen und trotzdem teilzunehmen oder ans Ziel zu gelangen. (Wege, Zeiten, Art der Gäste können beeinflußt werden. Partner können um bestimmte Formen der Unterstützung gebeten werden.) Zum Beispiel richtete eine Frau ihren Nachhauseweg an kritischen Tagen so ein, daß die Kaufhalle vor ihrer Wohnung schon geschlossen war, wenn sie vorbeiging, und daß so ein ungewollter Alkoholkauf unwahrscheinlicher wurde.

daß er durch vorbedachte Reaktionen Situationen bewältigt. Dazu gehören Vorsätze vom „Nein, danke, ich trinke nicht" bis zu gezielten anderen Betätigungen in kritischen Situationen oder während andere trinken. Vorbereitete Vornahmen, sich mitzuteilen und zu reagieren, erleichtern das selbstsichere Auftreten.

■ *Sich vor Gefahren absichern!*

Es ist sinnvoll, Partner, Freunde und Kollegen einzuweihen, damit und wie sie zur Abstinenz in bestimmten Situationen beitragen können. Schon die Anwesenheit von Eingeweihten reicht aus, um sich sicherer zu fühlen. „Vor den Augen meiner Kollegen kann ich nun nicht mehr trinken, nachdem ich ihnen mitgeteilt habe, daß ich abstinent sein möchte und will", ist häufig zu hören. Ein Ehemann sagte einmal zu seiner Frau: „Du kannst das Foto, worauf ich in betrunkenem Zustand so ekelhaft aussehe, zeigen, wenn ich zu dieser Familienfeier Alkohol anrühren sollte." Sie brauchte es nicht zu zeigen.

■ *Kürzere überschaubare Lebensabschnitte planen!*

Der bedrückende Gedanke, lebenslänglich abstinent sein zu müssen, wenn anfänglich Wollen und Können noch gar nicht erprobt sind, kann durch kurzfristige Pläne übertönt werden. Für jeden neuen Tag kann jeder seine Aufgaben und Pläne konkretisieren, die damit zusammenhängenden Schwierigkeiten voraussehen, das Notwendige tun, um sich sicher zu sein, nicht zu trinken. Er kann sich darüber freuen, wenn er das Ziel erreicht hat, und damit Hoffnung auf einen neuen Tag schöpfen. Die Reihe der abstinenten Tage läßt sich z. B. an einem Kalender gut darstellen und überschauen. Eine solche Übersicht ist gerade am Anfang hilfreich.

■ *Sich für jeden Schritt oder Erfolg bekräftigen!*

Es ist wichtig, nicht im Übereifer den dritten Schritt vor dem ersten tun zu wollen und dadurch zu scheitern. Deshalb sind kurzgesteckte Zwischenziele wichtig. Solche können sein:

„Ich konzentriere mich auf die Vollendung eines Tages und wieder eines Tages der Abstinenz, später vielleicht auch auf Wochen und längere Abschnitte."

„Ich stelle mich gründlich auf eine schwierige Situation ein, bereite sie vor. Ich gehe systematisch daran, Hemmungen vor einer bestimmten Person oder Situation zu überwinden."

„Ich nehme mir vor, kritische (nervöse, unruhige) Phasen zu erkennen und richtig zu bewältigen."

„Ich setze mich bestimmten Vorwürfen und Kritiken aus und will sie annehmen und ertragen."

„Ich passe auf, mich von bestimmten Personen nicht ‚vereinnahmen' zu lassen, will mich bewahren."

Jeder Schritt in der erwünschten Richtung sollte genauso wie das eintretende Gefühl der Zufriedenheit und des Stolzes registriert werden. Das Empfinden eines solchen Erfolges vermitteln natürlich auch Therapeuten und Gruppe, aber noch wichtiger ist es, es selbst zu bemerken und sich selbst für den Fortschritt zu belohnen.

Manche loben sich laut und treten selbstbewußter auf.

Manche sparen extra nach jeder Selbstüberwindung einen Betrag mit dem Ziel, sich später etwas Erwünschtes dafür zu kaufen.

Manche kaufen oder beschaffen etwas für sich ganz persönlich (für das Hobby, für die Kleidung, für die Körperpflege, Blumen o. ä.).

Manche führen das von ihnen Erreichte vor, erläutern es z. B. vor der Gruppe, vor Vertrauenspersonen, vor Kollegen und Freunden.

■ *Der Organisation der Zeit zunehmende Aufmerksamkeit schenken!*

Es ist interessant zu bemerken, wie aus nervöser Gespanntheit allmählich ruhige Besonnenheit wird. Es entwickelt sich die Fähigkeit, sich Zeit zu nehmen, aber immer etwas zur Erreichung seiner Ziele zu tun. Damit wird der Mensch nicht durch die Umstände getrieben, sondern er bestimmt mehr und mehr selbst, was er wann tut. Das wird ganz bewußt angestrebt und wahrgenommen. So konnte z. B. ein selbständiger Kunsthandwerker nach zwei Jahren Abstinenz stolz auf die von ihm bereits geschaffenen schönen Arbeiten sehen. Er stellte befriedigt fest, daß er sich jetzt nicht mehr von der Einholung erforderlicher Genehmigungen, der Klärung seiner Steuerangelegenheiten u. a. fürchtete. Er übersieht und durchschaut seine Angelegenheiten und findet sie in Ordnung. Das Gefühl ist so angenehm, daß er nicht mehr mit früher tauschen möchte. Er plant seine weitere Spezialisierung realistisch und geht sie zielstrebig an.

Fähigkeiten zur besseren Bewältigung des „abstinenten" Lebens sind noch immer nicht alles. Neue Lebensinhalte und Wertvorstellungen bilden sich parallel dazu und nicht unabhängig von den besprochenen Verhaltensweisen heraus. Persönliche Ziele werden einerseits realer, den Fähigkeiten und gegebenen Möglichkeiten angemessener, insbesondere konkreter, andererseits anspruchsvoller. Zunehmend gelingt es dem Abstinenten, bedingt durch die bewußtere Lebensführung und die Mitarbeit in therapeutischen Gruppen, sich für die Mitmenschen zu öffnen. Dazu gehört, eigene Empfindungen und Impulse kundzutun, sich mitzuteilen. Während früher die eigenen Antriebe in den meisten Bereichen unbewußt blieben oder zurückgehalten wurden, werden sie mehr und mehr bemerkt und ausgedrückt. Dadurch entwickelt sich die Fähigkeit, sich mit anderen Menschen offener über Gefühle, Bedürfnisse und Wünsche auszutauschen. Die Folge ist auch eine größere Bereitschaft, für den anderen da zu sein, ihm zuzuhören, ihn zu verstehen. Werte der Gesellschaft, Kultur, Natur und auch anderer Menschen werden neu entdeckt und als bereichernd erlebt. Die Beschäftigung mit ihnen wird vielfältiger, vielgestaltiger und differenzierter. Der abstinente Abhängige lebt kultivierter, als er das früher tat. Er empfindet sein neues Leben als schöner, bemerkt manchmal, daß es ihn mehr kostet — mehr Geld, als der Alkohol kostete —, und bedauert das nicht. Dadurch entwickeln sich die Voraussetzungen, etwas mit sich anfangen zu können. Die Betätigungen erhalten Inhalt und Form im Gegensatz zu früherer Leere, die von manchem als Langeweile, von manchem auch gar nicht empfunden wurde. Die Kreativität wächst, Selbstbestimmung macht Freude, Freiheit und Unabhängigkeit werden verantwortungsbewußt erlebt und für gesellschaftlich nützliche Taten genutzt. Das schlägt sich wiederum in einem höheren Selbstwertgefühl nieder. Es ist ein großer Fortschritt, sich selbst wieder zu mögen und zu achten, sich eigener Bedürfnisse unmittelbar bewußt zu werden und sie in entsprechender Weise zu befriedigen, sich dabei zu bewahren und nicht aufzulösen. Wertvorstellungen werden dabei derart verinnerlicht, daß die ständige Orientierung an anderen Menschen und die Abhängigkeit von ihrer Anerkennung und der Bestätigung durch sie geringer werden.

Was könnte dem einzelnen zu neuen Lebensinhalten und persönlichen Werten verhelfen? Die folgenden Schwerpunkte haben dabei für verschiedene Persönlichkeiten unterschiedliche Bedeutung, sie wechseln auch von Lebensabschnitt zu Lebensabschnitt.

Der eigene „Raum" hat als Basis für alle neuen Vorhaben und zum Schutz und zur Abgrenzung nach außen sehr große Bedeutung. Er muß nicht außergewöhnlich sein, nur einen eigenen Bereich umschließen. Die Gestaltung soll eigenständig erfolgen. Eine klare Abgrenzung ist im Falle der Scheidung oder bei starken Spannungen in der Familie das Wesentliche. Die Betreffenden merken die Bedeutung „ihres eigenen Winkels", „ihrer stillen Ecke zu einer bestimmten Stunde".

Interessen und Hobbys werden wieder aufgegriffen oder neu erworben (u. a. Heimwerkerarbeiten, Kochen, Handarbeiten, Tierhaltung oder -züchtung, Sport, Garten, Segeln oder Basteleien).

Bekanntschaften, Freundschaften, Gesprächspartner werden dementsprechend gewechselt, „aufgefrischt" oder gesucht.

Eine schrittweise berufliche Entwicklung, Spezialisierung und die Verwirklichung kreativer Bedürfnisse, eigener Vorstellungen wird angestrebt. Dabei wird einerseits Verantwortung übernommen, andererseits aber auch delegiert, um Freiraum für eigene Ideen und neue Aufgaben zu bekommen. Das kann nach längerer Abstinenz und ausreichender Stabilisierung einen Wechsel oder eine Verlagerung der Tätigkeit mit sich bringen.

Neuanschaffungen dienen mehr und mehr der aktiven, nicht so sehr der passiven Freizeitgestaltung.

Ein Beispiel aus der schriftlich erfolgten Lebensplanung eines Werkzeugmachers während eines Behandlungsabschnittes:
Ich bin ein guter Facharbeiter und möchte ein sehr guter werden.
Ich möchte die Beziehung zu meiner Partnerin weiter gestalten, gegebenenfalls Heirat.
Ich möchte zwei Fahrräder kaufen, damit wir kleine Touren unternehmen können.
Ich übernehme die Bauarbeiten bei der Umgestaltung der Gartenlaube meiner Partnerin.
Ich wünsche mir eine Auslandsreise, weil ich noch nie im Ausland war. (3 Jahre später traf eine Ansichtskarte vom Schwarzen Meer ein.)

Vielleicht wird der Prozeßcharakter einer solchen Entwicklung deutlich. Die verschiedenen Lebensprobleme nehmen nach und nach einen neuen Stellenwert ein.

Den Mitgliedern therapeutischer Gruppen kann auffallen, daß sie sich so bewußt mit sozialem Erleben und Verhalten beschäftigen, wie sie es ohne ihre Krankheit und die erforderliche Abstinenz nie getan hätten. Sie bemerken sich und ihre Mitmenschen anders, können alles auch mal von einer anderen Seite sehen. Sie beobachten ihr eigenes Verhalten, verarbeiten Rückmeldungen besser und gelangen zu tieferen Erkenntnissen und Schlußfolgerungen für den Umgang mit Partnern, Kindern, Kollegen, Vorgesetzten und anderen Personen. Dabei können soziale Probleme solches Interesse erwecken, daß sie bei manchen zum Gegenstand der gesellschaftlichen, außerberuflichen oder beruflichen Tätigkeit werden. So entwickeln sich insbesondere nebenberufliche Helfer für die Betreuung Abhängiger, aus denen auch hauptberufliche hervorgehen, wenn sie sich auf der Basis ihrer Berufsbildung entsprechend weiterbilden und Gelegenheit dazu erhalten.

Bewährte Methoden
für Einstellungs- und
Verhaltensänderungen

Wir bekräftigen unsere Auffassung, daß die Bewältigung der Krankheit nicht durch die Behandler, Therapeuten, geschieht. Sie hat die anhaltende und aktive Mitwirkung der Kranken zur Voraussetzung. Einige Möglichkeiten wollen wir aufzeigen. Sie können etwas Einblick in die organisierte Einzel- und Gruppentherapie geben bzw. diese ergänzen, doch keinesfalls ersetzen oder überflüssig machen.

Sich-selbst-Erkennen

Es fällt recht schwer, sich selbst zu erkennen. Doch es ist möglich, entsprechende Fähigkeiten zu erwerben, Hemmungen zu überwinden, unbewußte Widerstände dagegen aufzugeben. Es ist unentbehrlich dafür, die erwünschte Abstinenz zu verwirklichen und sich ein Leben zur eigenen Zufriedenheit zu gestalten. Kenne ich mich nicht, so weiß ich nicht, wann und was ich zur wirklichen Befriedigung meiner Bedürfnisse und zur Erreichung meiner Ziele tun kann. Sich-selbst-Erkennen bedeutet, das eigene Erleben und Verhalten im Zusammenhang mit seinen Ursachen und Wirkungen zu sehen und die Zusammenhänge besser zu begreifen. Als methodische Anleitung werden die Bedingungen, die in der Realität sehr verflochten und spontan ablaufen und unser Verhalten bestimmen, etwas entflochten und übersichtlicher dargestellt. Jeder kann aus den folgenden Bereichen für sich die Faktoren suchen, die sein Verhalten bestimmen und die er beobachten und kontrollieren möchte.

1. Frage:
Unter welchen äußeren Bedingungen, in welchen Situationen entwickelt sich bei mir das Bedürfnis zu trinken, Arzneimittel zu nehmen? Wann bin ich gefährdet, dem Drang nachzugeben?

Zu analysieren sind:
Örtliche und zeitliche Gegebenheiten:
Alleinsein? Einkauf in Kaufhallen? Weg an bestimmten „Gefahrenpunkten" vorbei? Aufenthalt in bestimmten Lokalen? Tage der Lohn- oder Gehaltszahlungen, Prämien o. ä.?

Soziale Gegebenheiten:
Anwesenheit von Freunden oder Gästen? Abwesenheit bestimmter Bezugspersonen? Trinkverhalten von Partnern, Freunden, Kollegen? Verhaltensweisen anderer mir gegenüber?

Eigenes vorausgegangenes Verhalten:
Teilnahme an Veranstaltungen? Übernahme von Aufgaben (vieler oder einer bestimmten Art)? Streitigkeiten oder Auseinandersetzungen? Abschluß einer Arbeit?

Diese Faktoren lassen sich beobachten und werden dadurch erst richtig bewußt. Danach können sie in ihrer Bedeutung für das persönliche Trinkverhalten bewertet werden. Es empfiehlt sich, die eigenen Beobachtungen immer wieder zu notieren.

2. Frage:
Welche inneren Bedingungen und Befindlichkeiten gehen meinem Bedürfnis nach Alkohol und/oder Arzneimitteln voraus?

Zu analysieren sind:
Körperliche Beschwerden und Störungen wie:
Schmerzen, Schlafstörungen, Erschöpfung?
Gefühle und Empfindungen wie:

Nervosität, Unruhe, Erregung, Gespanntheit?
Entspannung, Sorglosigkeit, Sicherheit?
Verärgerung, Unterlegenheit, Hilflosigkeit, Wut?
Trauer, Besorgnis, Einsamkeit, Unsicherheit?
Mutlosigkeit, Angst, Hoffnungslosigkeit?
Gedanken an körperliche, psychische und soziale Besonderheiten wie: Leiden, Krankheiten, Befindlichkeiten chronischer oder aktuell belastender Art?

Es ist ein Erfolg, solche Bedingungen zu bemerken und einordnen zu können. Sie sind in bezug auf die persönliche Entwicklung und Lebenserfahrung zu bewerten.

3. Frage:
Welche Erwartungen habe ich, bevor ich Alkohol oder Arzneimittel nehmen möchte oder tatsächlich nehme?

Zu analysieren sind:
Wie möchte ich gern wirken, mich verhalten, was möchte ich leisten, wie möchte ich mich fühlen?
Was könnte ich durch Alkohol und/oder Arzneimittel von meinen Wünschen erreichen?
Was erwarten andere (Partner, Kollegen, Freunde) von mir?
Was erwarte ich selbst von mir in einer solchen Situation?
Habe ich irgendwelche zwingenden Vorstellungen, wie ich mich verhalten müßte?

4. Frage:
Was kann ich an mir beobachten, wenn ich dabei bin, Alkohol oder Arzneimittel zu nehmen?

Zu analysieren sind:
körperliches Befinden,
Gefühle und Empfindungen,
Gedanken und Vorstellungen,
äußeres Verhalten.

Diese eigenen Beobachtungen sollten mit denen der anderen verglichen und auf ihre Objektivität hin überprüft werden.

5. Frage:
Welche Folgen treten durch meine Alkohol- oder Arzneimitteleinnahme ein?

Zu analysieren sind:
Kurzfristige Folgen:
Wie reagiert die Umwelt, meine Bezugspersonen?
Positiv oder negativ, aktiv oder passiv?
Wie fühle ich mich nach dem Trinken oder der Medikamenteneinnahme? Sowohl körperlich als auch psychisch – gut oder schlecht?

Langfristige Folgen:
Wie steht die Umwelt dazu? Welche sozialen Folgen bekomme ich zu spüren?
Wie erlebe und bewerte ich meinen Zustand und diese meine Entwicklung?

Hier gilt es besonders, die Widersprüche zwischen den kurzfristigen und langfristigen Folgen aufzudecken. Sie werden nach genauerer Analyse oft Motiv für die Entscheidung zur Abstinenz, denn wenn auch die kurzfristigen Folgen als angenehm erlebt werden, können doch die unangenehmen langfristigen Folgen zu neuer Einsicht führen. Für eine gute Selbsterkenntnis sind die Zusammenhänge zwischen all den Faktoren zu ergründen, und das nicht nur für das Trinkverhalten bzw. die Medikamenteneinnahme, sondern auch für andere kritische Erlebens- und Verhaltensweisen, die einer Änderung bedürfen.

Zusammenfassung einiger Beispiele typischer Situationen, Empfindungen, Erwartungen, Gedanken und Verhaltensweisen, die für Alkohol- und Arzneimitteleinnahme auslösend sein können:

Situationen

Ich befinde mich an bestimmten Orten oder komme daran vorbei.

Es kommt eine bestimmte Zeit heran.

Ich treffe mit bestimmten Personen zusammen, oder diese verlassen mich.

Mein Blick fällt auf bestimmte Dinge und Gegebenheiten, die „Aufforderungscharakter" für mich haben.

Es hat sich etwas für mich verändert.

Die anderen trinken oder nehmen Tabletten, „dürfen" das.

Ich habe eine Arbeit abgeschlossen.

Ich bin in Auseinandersetzungen verwickelt,

Ich entferne mich aus Situationen, von anderen Menschen.

Es ist etwas schwierig für mich.

Ich werde kritisiert.

Gefühle und Empfindungen

Ich fühle mich gespannt, erregt ...

Ich fühle mich zufrieden, „als der Größte" ...

Ich fühle mich hilflos, unterlegen ...

Ich fühle mich elend, traurig ...

Ich habe körperliche Beschwerden, Schmerzen ...

Ich kann nicht schlafen ...

Ich fühle mich auf Grund meiner Veranlagung oder Behinderung beeinträchtigt ...

Ich fühle mich als Versager ...

Ich habe Angst ...

Erwartungen

Ich möchte mich anders fühlen.

Ich möchte anders wirken.

Ich möchte etwas erreichen.

Die anderen erwarten mich anders.

Ich muß anders sein, als ich bin.

Die anderen erwarten, daß ich mittrinke.

Gedanken
Alle sind gegen mich.
Ich mache alles falsch.
Ich habe kein Glück.
Niemand kann mich leiden.
Ich werde schikaniert, unterdrückt.
Mir ist alles egal.
Ich werde es denen schon zeigen.

Verhalten
Ich verhalte mich auffällig.
Ich ziehe mich zurück.
Ich lasse mich gehen.
Ich verkrampfe mich.
Meine Gedanken kreisen nur noch um...
Ich steigere mich in etwas hinein.

Sich-selbst-Kontrollieren

Was bedeutet das?

Das heißt, daß ein Mensch eine kritische Situation auf Grund seiner Erfahrungen bemerkt und eigenständig andere Verhaltensweisen überlegt, plant und einleitet. Letztere nennt man kontrollierende Verhaltensweisen. Mit ihnen kann das ursprüngliche, problematische Verhalten vermieden oder verändert werden. Die kontrollierenden Verhaltensweisen können sehr vielgestaltig sein und sind sowohl von außen beobachtbar (z. B.: den Gästen Alkoholreste mitgeben, damit kein Alkohol im Hause ist, oder den Arzt informieren, daß man keine Medikamente, die als „Ersatzdroge" wirken könnten, verordnet haben möchte) als auch Gedanken und Formeln (z. B.: Das, was mich früher erregte, ist mir jetzt ganz gleichgültig. Ich konzentriere mich auf die Erfolge, die ich schon habe, auf die Freude, die ich mir damit gemacht habe...). Welche kontrollierenden Verhaltensweisen ein Mensch wählt, hängt weitgehend von ihm selbst ab. Jeder hat Erfahrungen mit sich gemacht und kann sich in ruhigen, günstigen Phasen überlegen, welche Verhaltensmöglichkeiten er für kritische Phasen hat. Der Erarbeitung solcher Ideen und der Vorbereitung auf ihre praktische Verwirklichung dienen Gespräche darüber.

Darüber hinaus können Selbstkontrollverhaltensweisen geübt werden, damit sie in kritischen Situationen anwendungsbereit sind.

Welche kritischen Situationen, Phasen und Verhaltensweisen sind bei Alkohol- oder Arzneimittelabhängigkeit mit neuem Verhalten zu bewältigen?

Zunächst werden die Situationen und Phasen, in denen der Betroffene gefährdet ist, zu trinken oder Mittel zu nehmen, beachtet. Jeder kann sie selbst bemerken, indem er seine Beobachtungen mit seinen Erfahrungen vergleicht. Es ist wichtig, daß er alle äußeren und inneren Bedingungen in seine Beobachtung einbezieht, um zunehmend kurzschlußartige Rückfälle in das alte Trink- oder Einnahmeverhalten auszuschließen. Die Bewältigung von Situationen erfolgt in der Regel schwerpunktmäßig. Anfänglich werden viele Situationen ganz gemieden. Im Verlaufe der Zeit werden sie durch neues Verhalten bewältigt.

Danach können auch konkrete andere Verhaltensweisen einbezogen werden, die den genannten Situationen oder Phasen vorausgehen und die ebenfalls durch selbstkontrollierende Methoden geändert werden können. Beispiele dafür sind:

sich ducken, alles einstecken,
warten, daß der andere meine Wünsche und Gefühle von selbst merkt,
spontan herausplatzen, aus der „Rolle" fallen,
Ärger hinunterschlucken,
sich von Aufgaben überrollen lassen,
Bedürfnisse unterdrücken und viele andere …

Indem solche gefährdenden Verhaltensweisen schrittweise geändert werden, werden einige der Bedingungen vermieden, die auslösend für das Trinken oder die Einnahme von Mitteln gewesen sind. Die individuelle Vorgehensweise soll jeder selbst entscheiden. Im folgenden werden nur Beispiele aufgeführt.

Was können Verhaltensalternativen in kritischen Situationen sein?
Etwas Vorbedachtes tun:
Ich nehme ein Bad, solange die Gefahr des Gaststättenbesuchs besteht.
Ich habe immer alkoholfreie Getränke vorrätig.
Ich setze vorbereitete Handarbeiten, kleine Tätigkeiten, angenehme Beschäftigungen fort. Es sollen Tätigkeiten sein, die leicht verfügbar und schwer mit Alkohol- oder Medikamenteneinnahme zu vereinbaren sind.

Partner oder Freunde zum Schutz einbeziehen:
Ich suche Gespräche mit Eingeweihten.
Ich suche die Nähe eines Menschen, wo Alkohol oder Medikamente unmöglich sind.
Ich lasse mir von jemandem Wege erledigen, um nicht in gefährdende Bedingungen zu kommen.

Zeiten und Wege ändern:
Ich nehme Umwege, um nicht an den auslösenden Lokalitäten vorbeizukommen.
Ich verkürze meine Anwesenheit, wenn es belastend wird, z.B. bei Feiern.
Ich bleibe länger (z.B. bei Freunden oder bei der Arbeit), wenn dadurch Öffnungszeiten von gefährdenden Einkaufs- und Gaststätten umgangen werden können.

Etwas zur Abreaktion unternehmen, wie:
Laufen, Radfahren auf vorbedachten Wegen,
körperliche Arbeit für solchen Zweck vorbereiten, gegebenenfalls schlafen.

Wie kann kritischen Situationen vorgebeugt werden?
Zugang zu Alkohol erschweren:
Es ist kein Alkohol im Hause, am Arbeitsplatz.
Vorräte lasse ich durch andere „verwalten", Reste besei-

tigen. Ich übernehme keine Besorgungen dieser Art, auch nicht für andere.
Ich vermeide gefährdende Örtlichkeiten.
Wenn ich Raucher bin, habe ich ausreichenden Zigarettenvorrat zu Hause.
Wichtige Bezugspersonen über Abstinenz informieren:
Ich gebe meinen Familienmitgliedern, Freunden und Kollegen klare Information, ohne mir „Hintertürchen" offenzulassen. Ich bereite sie vor, wie sie sich gegebenenfalls hilfreich verhalten können.
Ich spreche mich mit bestimmten Personen ab und gehe Vereinbarungen ein.

Wie ist mit der Zeit umzugehen?
Organisation des Tagesablaufs:
Ich vermeide durch Organisation Alkohol und ähnliche Mittel bewußt.
Ich vermeide Leerlauf bewußt.
Ich vermeide Überlastung und Hektik bewußt.
Kleine Zwischenziele stecken:
Ich nehme mir immer etwas, aber nicht etwas zu Schweres vor. Ich behalte mein Ziel im Auge.
Ich registriere das Erreichen als Erfolg.
Ziele für einen längeren Zeitraum und Schritte dazu planen:
Ich erhöhe den Schwierigkeitsgrad meiner Vornahmen langsam und schrittweise.
Es ist gefährlich, zuviel auf einmal machen zu wollen!

Was ist „Sich-selbst-Bekräftigen"?
Täglich Fortschritte bemerken und zur Kenntnis nehmen (sich loben),
täglich den Erfolg sichtbar machen (z.B. Zeichen am Kalender über jeden abstinenten Tag),
täglich auch Erfolg anderen mitteilen (z.B. der therapeutischen Gruppe, Kollegen, Freunden),
sich für jeden Fortschritt oder nach bestimmter Anzahl von Erfolgen etwas leisten, was man mag.
    An dieser Stelle ist zu bemerken, daß der Erfolg nicht

darin besteht, gar kein Verlangen nach Alkohol oder Medikamenten verspürt zu haben – wie manche irrtümlich glauben –, sondern daß man dieses Verlangen durch Selbstkontrolle bemerken und überwinden konnte.

Wie können Gefühle und Gedanken selbst kontrolliert werden?

Gefühle und Gedanken gehen oft unbemerkt dem Alkohol- bzw. Medikamentengebrauch voraus. Es gibt dabei bestimmte „innere" Bedingungen und Abläufe im Abhängigen, die fest mit dem Trinken bzw. der Medikamenteneinnahme gekoppelt sind. Diese sollen erkannt und danach abgeblockt und so geändert werden, daß sie ohne Alkohol und Medikamente zu ertragen und zu bewältigen sind. Das alles vollzieht sich im Inneren des Menschen, ohne daß es äußerlich zu bemerken wäre.

1. Schritt:
Selbstbeobachtung der eigenen Gefühle, Empfindungen, Gedanken, die dem Verlangen nach Alkohol oder Medikamenten vorausgehen und darauf hindeuten; Bemerken der kritischen Situation (z.B. Angst; körperliche Erscheinungen; Gedanke, allein zu sein).

2. Schritt:
Beschreibung, Formulierung dieser Gefühle, Empfindungen und Gedanken, ohne ihnen auszuweichen; kritische Analyse und innere Auseinandersetzung mit ihnen. (Tagebuch und Gespräche sind dabei sehr nützlich.)

3. Schritt:
Prüfung der Erwartungen an die Umwelt, die eigene Zukunft, das eigene Leistungsvermögen und Änderung derselben entsprechend der eigenen Einsicht und Vernunft im Sinne größerer Wirklichkeitsnähe.

4. Schritt:
Ausdruck der gewonnenen neuen Einstellungen und Erwartungen in kurzen inneren Leitsätzen. (Beispiele: „Danach geht es mir wieder besser." „Auf ein Tief folgt auch wieder ein Hoch." „Ich kann mir schon sehr gut helfen." „Ich kann um Hilfe bitten, wenn ich sie benötige." „Nur wenn ich mich nicht für einen geliebten Men-

schen auflöse, bleibe ich für ihn anziehend." „Klar, daß
ich Menschen enttäuschen muß." „Wenn mir hier keine
große Leistung gelingt, bleibt mir immer noch die
Chance, mich zu verbessern." „Es ist normal, daß jeder
einmal versagt. Das kann ich nüchtern durchstehen.")

Diese inneren Sätze können mit körperlicher Entspannung und Beruhigung, aber auch mit angenehmen bild-
haften Vorstellungen verbunden werden; Methoden, die
ganz allgemein der gesunden Lebensführung dienen.
Dieses Vorgehen stellt relativ hohe Anforderungen an
Motivation und Zielstrebigkeit eines Menschen. Er soll
seine inneren Voraussetzungen und seine Erwartungen
miteinander in Übereinstimmung bringen und für dieses
Ziel an sich arbeiten. Das ist nur in fortgeschrittenem
nüchternen Zustand möglich, in dem die Gedanken klar
und geordnet ablaufen.

Selbstsicherwerden

Die Selbstsicherheit wächst mit der Dauer der Abstinenz, wenn der Betreffende nichts mehr vor der Umwelt
zu verbergen hat, was ihm peinlich oder unangenehm
ist. Sie hängt auch damit zusammen, wie er sich seiner
Probleme bewußt wird und damit zurechtkommt. In jedem Fall übernimmt der Abstinente eine ganz neue
„Rolle" im Umgang mit anderen Menschen. Deshalb ist
es hilfreich, selbstsicheres Verhalten nicht nur abzuwar-
ten, sondern einzuüben. Dazu werden Situationen, in denen der Abhängige aufpassen muß, sich nicht aufzugeben und „überrollt" zu werden,

aus der Vielzahl von Möglichkeiten heraus- und vorweg-
genommen,
in ihrem individuellen Schwierigkeitsgrad eingeschätzt
(dem einen fällt eine Situation leichter, dem anderen
schwerer),
mit Partner, Gruppe und anderen beraten,
bezüglich eigenen Vorgehens geplant und vorbereitet,

wenn möglich im Rollenspiel z. B. in einer therapeutischen Gruppe geübt,
dann in der Praxis erprobt.

Bereiche, in denen selbstsicheres Verhalten geübt werden kann, sind im wesentlichen folgende:
feierliche Anlässe, die mit Partnern, gegebenenfalls Familie, ohne Alkohol begangen werden können,
Feiern, während der Familienmitglieder, Freunde, Gäste Alkohol trinken,
Teilnahme an Veranstaltungen, wie Betriebsfeiern, Tanz ...,
Reaktionen auf Fragen und Bemerkungen von Kollegen zum Alkohol,
Verhalten im Kollektiv im Zusammenhang mit Alkohol,
Begegnung mit Freunden, Gästen, Besuchern,
Begegnung mit alten Bekannten aus der Zeit des gemeinsamen Trinkens,
Auseinandersetzungen mit Bezugspersonen,
Entspannung und Anerkennung für vollbrachte Arbeit, Leistung,
notwendige, unangenehme Erledigungen, Aussprachen ...,
Ertragen von Kritik, empfundener Ungerechtigkeit, Provokationen.

Jeder sollte sich Situationen, wie sie für ihn typisch und zu erwarten sind, so konkret wie möglich vorstellen und ausmalen. Dann kann er seine Reaktionsmöglichkeiten in Ruhe überlegen, beraten und sich für bestimmte entscheiden. Im Anschluß daran sollte er sich dementsprechend üben. Auch dabei ist zu beachten, daß man schrittweise üben sollte. Niemand kann alle Situationen auf einmal bewältigen; für manche braucht man Jahre, um sich heranzuwagen, andere (z. B. im Betrieb) müssen sofort bewältigt werden. Erfahrungen zeigen, daß der eine bald nach Beginn der Abstinenz Veranstaltungen besucht, der andere vorab fernbleibt und erst nach und nach stundenweise teilnimmt. Der eine geht nach

5 Jahren Abstinenz noch immer in keine Bar, weil er sich nicht vorstellen kann, wie er dort ohne Alkohol zurechtkommen soll, der andere plant nach zwei Jahren Abstinenz die ersten Tanzveranstaltungen ein, weil er einschätzt, daß er jetzt soweit ist. Diese Beispiele verdeutlichen die große Verantwortung, die jeder selbst für sich trägt.

Im Rahmen der Therapie gibt es Trainingsprogramme wie Ablehnungstraining, Situationstraining, Selbstsicherheitstraining und Rollenspiele verschiedenen Inhalts. Diese sollen die anderen Methoden im Prozeß der Selbstfindung und Selbstverwirklichung unterstützen.

Miteinandersprechen

Gesprächsatmosphäre
Es müssen Voraussetzungen geschaffen werden, damit das Gespräch wirklich dem Anliegen dient und den Teilnehmern nützen kann. Die folgenden Punkte können nicht immer für jeden garantiert werden, man sollte sich nur an ihnen orientieren. Ihr Sinn besteht darin, das Gespräch in dieser Hinsicht zu kontrollieren, Mängel herauszustellen und zu klären. Das ist ein kontinuierlicher Prozeß, der für Einzel- und Gruppengespräche gilt.

Jeder fühlt sich gern gesehen, dazugehörig, ungezwungen, erwünscht, freiwillig zugegen.

Jeder fühlt sich zum Sprechen über seine Situation aufgefordert, ohne sprechen zu müssen.

Jeder fühlt, daß ihm zugehört wird.

Jeder fühlt, daß seine Konflikte und Gefühle ernst genommen werden. Sie sollen nicht heruntergespielt, aber auch nicht dramatisiert werden.

Jeder fühlt sich sicher und kann vertrauen, daß ihm geholfen werden soll.

Jeder fühlt sich entspannt und erleichtert, wenn er offen und aufrichtig über seine Situation und sein Verhalten gesprochen hat.

Jeder fühlt sich mit dem Sinn und Zweck des Gespächs konfrontiert, um nicht über wegführende, störende Themen zu reden.

So wie sich jeder geachtet fühlt, achtet und schätzt er die anderen und findet sie mehr oder weniger sympathisch.
So wie sich jeder geachtet fühlt, achtet und schätzt er son empfindet, interessiert er sich für den anderen, ermuntert ihn zum Sprechen, hört zu und versucht, ihn zu verstehen.

So wie jeder etwas von anderen in Erfahrung bringen und übernehmen kann, bringt er seine Erfahrungen in das Gespräch ein, damit sie anderen nützen können.

So wie jeder eigene Gefühle und Empfindungen äußert, ist er bemüht, die Gefühle und Empfindungen der anderen hinzunehmen, zu verarbeiten, damit umzugehen.

So wie sich jeder selbst zu Aufrichtigkeit und Ehrlichkeit durchgerungen hat, begegnet er auch dem anderen und versucht, ihm ebenfalls dazu zu verhelfen.

Die für ein Gespräch erforderlichen äußeren Bedingungen können sehr verschieden sein, aber auch hierbei ist einiges Wesentliche zu beachten:

Der Ort bzw. Raum soll möglichst störungsfrei sein.

Die Zeit soll vorher festgelegt sein. (Die Regel des gleichen Orts und der gleichen Zeit ist bei ambulanten wöchentlichen Gruppentherapien sehr wichtig.)

Luft und Temperatur dürfen das Befinden nicht beeinträchtigen. Probleme des Heizens, Lüftens, Rauchens sind zu klären.

Die Teilnehmer sollen so sitzen, daß sie sich ansehen können. Gleiche Abstände voneinander fördern die Einträchtigkeit.

Reglements können die Teilnehmer von Gruppengesprächen nach Bedarf festlegen, aber diese sollten locker gehandhabt werden, damit die Atmosphäre für die verschiedenen Mitglieder nicht dadurch zu belastend wird.

Gesprächsthemen in therapeutischen Gruppen

Hierzu soll nur das Einheitliche, Übereinstimmende aufgeführt werden. Der vielfältigen Variation und Ausgestaltung sind keine Grenzen gesetzt. In gewisser Ordnung oder in Abhängigkeit von aktuellen Ereignissen berichten die einzelnen über ihre Situation:

Die Abstinenz (oder der Rückfall) wird klargestellt.

Fördernde oder beeinträchtigende Bedingungen in dem letzten Zeitraum oder bei bestimmten Anlässen werden analysiert.

Neue Erfahrungen, Einstellungen und Haltungen werden diskutiert.

Gesprächsteilnehmer vergleichen und ziehen Schlüsse.

Vorhandene Einstellungen werden bekräftigt, differenziert oder korrigiert.

Sie hören zu, beobachten, fragen, ermuntern, begrenzen, konfrontieren, stellen in Frage, informieren, erklären, äußern ihre Meinung, bestätigen.

Ferner bringen alle mehr oder weniger planmäßig ihre aktuellen kurzfristigen Vorhaben und Pläne ins Gespräch:

Sie nehmen die vermutlichen Schwierigkeiten vorweg.

Sie erwägen ihre Möglichkeiten der Bewältigung.

Sie beschließen unter Beachtung eigener und anderer Erwägungen, wie sie sich verhalten wollen.

Sie detaillieren ihr Vorgehen.

Desgleichen erwähnt jeder immer einmal wieder längerfristige Veränderungen, die er an sich bemerkt hat. Dazu gehören:

Erfahrungen, die jeder mit sich selbst gemacht hat,

Bedürfnisse und Wünsche, die jeder an sich selbst wahrnimmt,

Möglichkeiten der Befriedigung, die jeder für sich sieht,

Erkenntnisse über die Veränderung der Lebensinhalte und Werthaltungen, die zu verallgemeinern sind.

Daraus ergibt sich ein Gespräch der gesamten Gruppe.

Jeder kann die dringenden Probleme einbringen, die ihn gerade bewegen.

Die Gruppe an sich und ihre weitere Entwicklung, das ist auch ein notwendiges Thema. Dazu gehören die Klärung von Beziehungen, das Thema „Ehrlichkeit und Offenheit" als Voraussetzung für die erfolgreiche Gruppenarbeit (insbesondere wenn neue Mitglieder Anlaß dazu geben) und organisatorische Probleme vielerlei Art. Es ist erstrebenswert, daß jeder die Gefühle ausspricht, die ihn bewegen, wenn er kommt, und die er hat, wenn er geht.

Gesprächsführung in den therapeutischen Gruppen

Hinweise dazu sind insbesondere für diejenigen gedacht, die Gespräche leiten, aber über keine Ausbildung als Therapeut verfügen.

Der Leiter kontrolliert den Ablauf der von ihm als wichtig befundenen oder planmäßigen Themen.

Er verhindert Abweichungen, Weitschweifigkeit oder Auslassungen.

Er sorgt für das Miteinandersprechen.

Er ermuntert oder bremst Gruppenmitglieder je nach deren persönlichen Besonderheiten und nach der für ihre Entwicklung notwendigen Richtung. Er stellt sich besonders auf die individuellen Möglichkeiten und Fähigkeiten ein.

Er fördert das Gespräch insbesondere durch Fragen.

Er bringt seine eigenen Erfahrungen ein, ohne diese etwa in Vorschriften für andere umzusetzen.

Er äußert seine Empfindungen und Gefühle als solche und stellt sie mit denen der anderen in den Raum.

Er faßt Gesagtes zusammen, stellt Wesentliches heraus und Beziehungen her, wenn das für den Fortgang und Abschluß des Themas nützlich ist.

Er hält immer auch Schlußfolgerungen, Maßnahmen, Pläne u. ä. fest, das Wesentliche auch schriftlich.

Er ist für die Aufrechterhaltung der unter dem Punkt „Atmosphäre" genannten Bedingungen verantwortlich, da ansonsten Gruppenmitglieder je nach Veranlagung in verschiedene Richtungen „auszubrechen" versuchen.

Er vermeidet „sang- und klanglose" Abbrüche der Themen aus Gründen von Hemmungen, Unsicherheit, Hilflosigkeit, Ungeduld oder Spannungen in der Gruppe. In solchen Fällen kann er die Gruppenmitglieder herausfordern, ihre Gefühle klar zu äußern, sich den Grund des Abbruchs bewußtzumachen. Er kann die Fortsetzung des Themas in Aussicht stellen oder darauf dringen.

Ausklang

Auf „sein" Bier, „seinen" Schnaps, „seinen" Wein oder auf „sein" Mittel zu verzichten fällt um so schwerer, je höher man ihren Wert schätzengelernt hat. Lohnen sich Mühen und Anstrengungen, wenn man alkohol- oder medikamentenabhängig ist, um seinem Leben eine andere Richtung und einen anderen Inhalt zu geben? Sie lohnen sich, weil sie die eigene Unfreiheit beseitigen, die Selbstbestimmung wieder ermöglichen und zu einem sinnerfüllten Leben führen können. Die bewußt gelebte Abstinenz wird zwar mühsam erworben, doch stellt sie keinen Verzicht dar. Sie wird zur Voraussetzung, wieder Verantwortung zu tragen, Freiheit zurückzugewinnen. Sie hilft, den Glauben an eigene Kräfte und Fähigkeiten wiederzufinden und läßt Hoffnungen auf ein erfolgreiches Wirken – nicht nur zu eigenem Nutzen – erstarken. Sie fördert Gesundheit und Leistungskraft und mindert zu große Risiken und Gefahren. So wird sie zum Sinnbild des Mutes zum Neuen und zur Quelle von Selbstentfaltung und Selbstverwirklichung.

Unsere sozialistische Gesellschaft birgt alle Voraussetzungen zur tätigen Entwicklung der Persönlichkeit für jeden ihrer Bürger in sich. In allen Lebensbereichen kann sich jeder entsprechend seinen Fähigkeiten und Bedürfnissen entfalten. Unsere Gesellschaft braucht die aktive, zielgerichtete, verantwortungsbewußte Mitwirkung jedes einzelnen.

Es geht nicht darum, jedermann um jeden Preis vom Alkohol fernzuhalten oder gar vor Arzneimitteln bewahren zu wollen. Niemand wird gezwungen, Alkohol oder wirkungsähnliche Mittel zu trinken bzw. zu nehmen, niemand wird zur Abstinenz gezwungen, niemandem aber wird die eigene Entscheidung abgenommen. Wir wollten zeigen, daß nicht alles Trinken harmlos ist, nicht alle

171

Menschen mit Arzneimitteln ungefährdet umgehen können. Unser Anliegen war es, denen im Gefahrenfeld zum Ungesunden, im Bereich des Mißbrauchs oder schon jenseits dieses Gebietes, im Bereich des Krankhaft-Abhängigen, bei ihren ersten Schritten aus der Gefahr heraus zu helfen und ihnen den Ausweg aus ihrer Situation aufzuzeigen — den auch für sie begehbaren Weg.

Kraft, Ausdauer, Vertrauen einerseits, Geduld und Konsequenz andererseits — mitunter bis an die Grenze der Belastbarkeit — sind dazu nötig. Es bedarf vielfältiger Bemühungen, auch um Verständnis und um Unterstützung, wie sie nur die sozialistische Gesellschaft zu geben vermag. Erfolge sind erreicht worden; vieles bleibt uns allen noch zu tun. Wir glauben, es verdeutlicht zu haben, daß der Abhängige das meiste für sich selbst tun muß — aber auch, daß er es tatsächlich selbst tun kann!

Wir wollen dazu beitragen, daß Alkoholmißbrauch und -abhängigkeit, Hintergründe, Zusammenhänge, Auswirkungen in ihrer ganzen Tragweite erkannt, bekämpft und behandelt werden, daß aber dem Kranken in besonderem Maße unser Verständnis zuteil wird. „Kampf gegen den Mißbrauch" und „Verständnis für den Kranken" sind keine Gegensätze, die sich ausschließen, sondern zwei Seiten eines Problems, die einander bedingen.

Wir möchten uns wünschen, in unseren Lesern viele verständnisvolle und ausdauernde Mitstreiter gewonnen zu haben.

Psychologie populär

Bisher erschienen:

K.-P. Timpe:
Zwischen Psychologie und Technik
Hochtechnologien · Persönlichkeit

Ch. Tögel:
Träume – Phantasie und Wirklichkeit
Tatsachen · Deutungen · Theorien

E. Winter, I. Stoiber, H. Engel:
Schicksal Abhängigkeit?
Ausweg aus Problemen mit sich und dem Alkohol

In Vorbereitung:

K. Schneider:
Erfolgreich leiten – aber wie?
Autorität · Konflikte · Vertrauen

A. Katzenstein/E. Sitte:
Angst
Wesen · Entstehung · Bewältigung

H. Dettenborn:
Abwege in die Straftat
Gefährdungen · Folgen · Auswege

VEB Deutscher Verlag der Wissenschaften
Berlin DDR-1080 Berlin, Johannes-Dieckmann-Straße 10

Philosophie · Geschichte · Psychologie
Mathematik · Physik · Chemie

W. Gerth u. a.

Lehrlinge –
wie sie sind, was sie wollen

165 Seiten, 120 mm × 190 mm,
Broschur, DDR 9,40 M, Ausland
12,–DM
Bestellangaben: 571 382 1/Lehrlinge
ISBN 3-326-00246-7

Die Verfasser informieren anschaulich über Denk- und Verhaltensweisen Jugendlicher, ihre Bedürfnisse, Interessen und Motive, ihre Erwartungen und Lebenszielstellungen. Sie erörtern und werten Fragen, Meinungen und Vorurteile über Jugendliche in der Berufsbildung. Ihre Schrift möchte als sozialpsychologischer Ratgeber genutzt werden, der zur optimalen Gestaltung der Erziehungs- und Leitungsarbeit beitragen kann.

VEB Deutscher Verlag der Wissenschaften
Berlin DDR-1080 Berlin,
Johannes-Dieckmann-Straße 10
Philosophie · Geschichte · Psychologie
Mathematik · Physik · Chemie

Sozialpsychologie für die Praxis

Erkenntnisse und Empfehlungen in
21 Bausteinen

Herausgegeben von W. Friedrich u. P. Voß

Etwa 312 Seiten, 2 Abbildungen,
120 mm × 190 mm,
Broschur, DDR etwa 20,–M,
Ausland etwa 25,–DM
Bestellangaben: 571 552 8/Sozialpsychologie – Praxis
ISBN 3-326-00254-8

Das Autorenkollektiv hat sich die Aufgabe gestellt, eine
Darstellung der Sozialpsychologie für die Praxis in ihren
wichtigsten Schlüsselbegriffen zu geben. Die hier behandelten sozialpsychologischen Erkenntnisse sollen
Anforderungen, Aufgaben und Probleme unseres sozialen Alltagslebens besser verstehen und meistern
helfen. Dem Baustein „Persönlichkeit und Gesellschaft", der in die theoretische Position der Verfasser
einführt, folgen in alphabetischer Reihenfolge weitere
20 Bausteine.

VEB Deutscher Verlag der Wissenschaften
Berlin DDR-108C Berlin
Johannes-Dieckmann-Straße 10
Philosophie · Geschichte · Psychologie
Mathematik · Physik · Chemie

H. Dettenborn

Täter – Opfer – Zeuge

Streifzüge durch die Gerichtspsychologie

Etwa 170 Seiten, 40 Abbildungen,
40 Tabellen, 195 mm × 220 mm,
Leinen, DDR etwa 20,– M, Ausland etwa 20,– DM
Bestellangaben: 571 544 8/Dettenborn, Täter
ISBN 3-326-00238-6

Der Verfasser will einem breiten Interessentenkreis den Beitrag der Gerichtspsychologie bei der Verwirklichung von Recht und Ordnung allgemeinverständlich erläutern. Er gibt Antwort auf Fragen wie z. B.: Warum Straftaten bei uns? Welche objektiven Ursachen stehen dahinter? Wer entscheidet sich aus welchen Motiven heraus für welche Straftaten? Welche Rolle spielen Persönlichkeitseigenschaften und biologische Merkmale, Lebensbedingungen und Konflikte? Was ist zu tun, um kriminelle Handlungen zu verhindern? Welche Rolle spielen eigentlich Opfer? Wie entstehen genaue und verzerrte Zeugenaussagen?

VEB Deutscher Verlag der Wissenschaften
Berlin DDR-1080 Berlin.
Johannes-Dieckmann-Straße 10

Philosophie · Geschichte · Psychologie
Mathematik · Physik · Chemie

Alkoholmißbrauch in der Karikatur

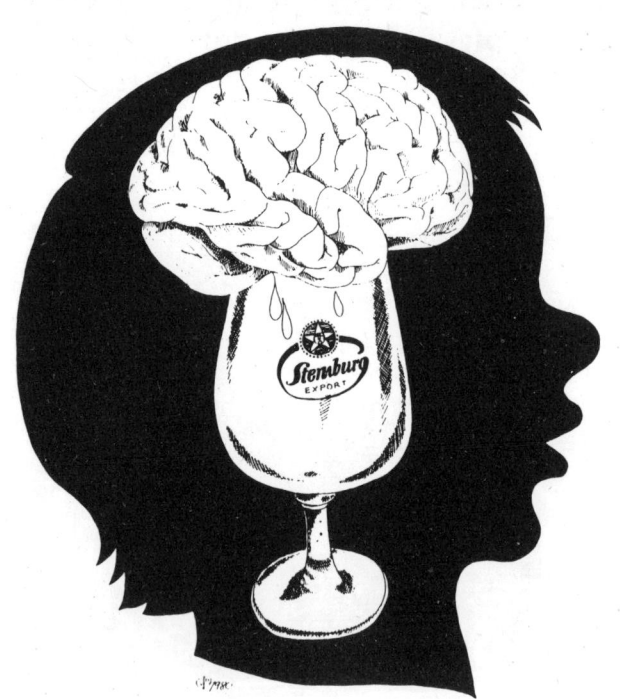

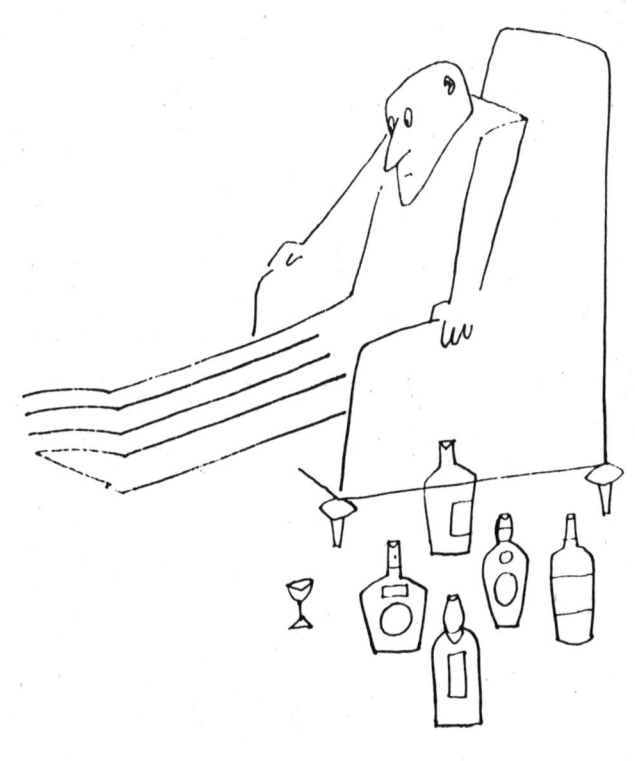

Gefahren für die Gesundheit im Plakat

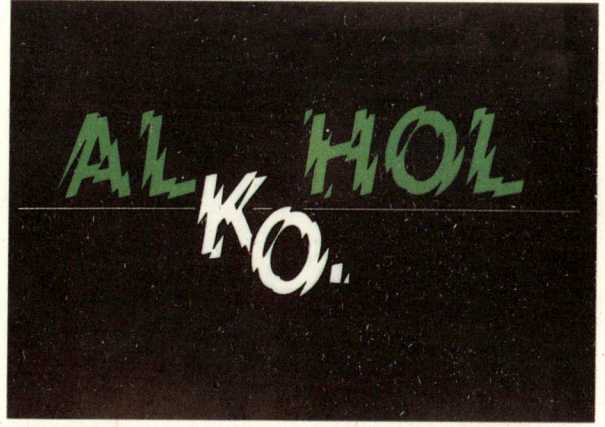

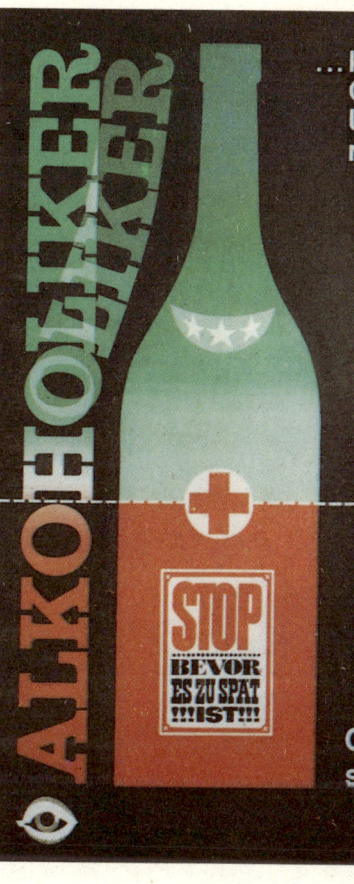

... können die Gefahren ihrer Umwelt nicht mehr erkennen.

ALKO**HOL**IKER

Kennst Du

Deine Grenzen?

STOP
BEVOR
ES ZU SPÄT
!!!IST!!!

Gesund leben –
sinnvoll leben!

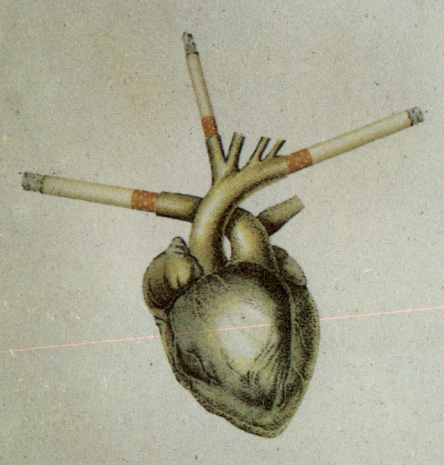

A und Ω

(griech) *Alpha und Omega: A und O, d.h. Anfang und Ende*

Nikotin führt zur Verengerung
bis zur Verkrampfung der Blutgefäße.
Durchblutungsstörungen treten auch an
den Herzkranzgefäßen auf.
Chronischer Reizzustand (Katarrh).
Lungenblähung und Überlastung
der rechten Herzkammer
sind die Folgen.

Im Schnaps
ertrinken mehr Leute
als im Wasser

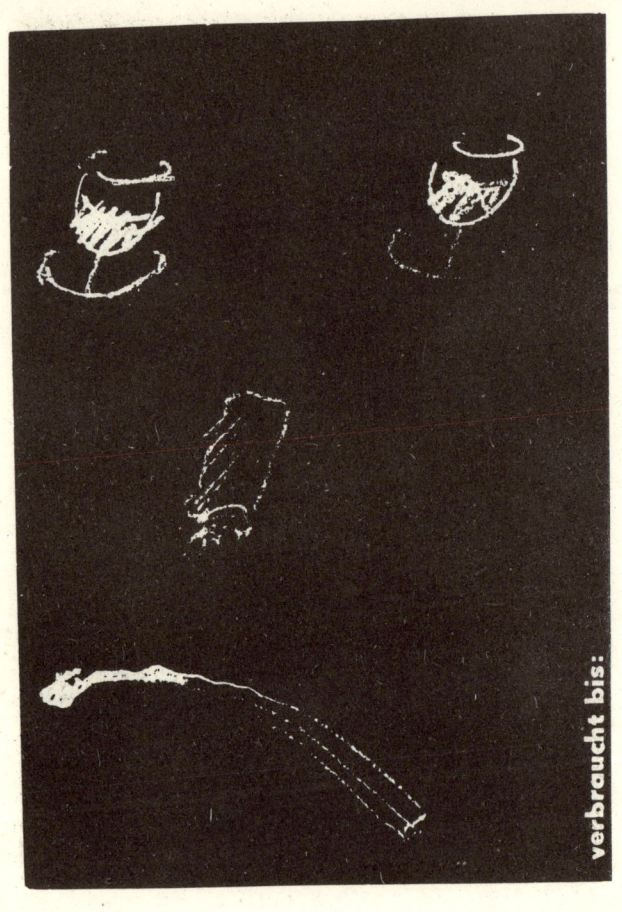

verbraucht bis:

Vertrinken Sie Ihr Leben nicht !

schade †

Wohl bekomm's!

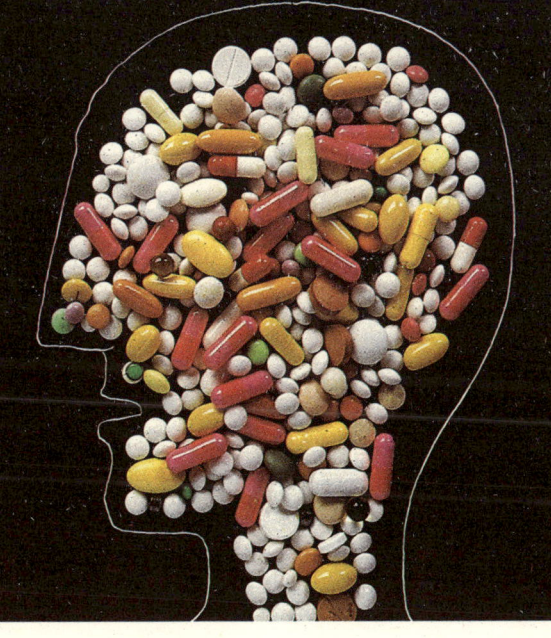

Viel
hilft
viel
?

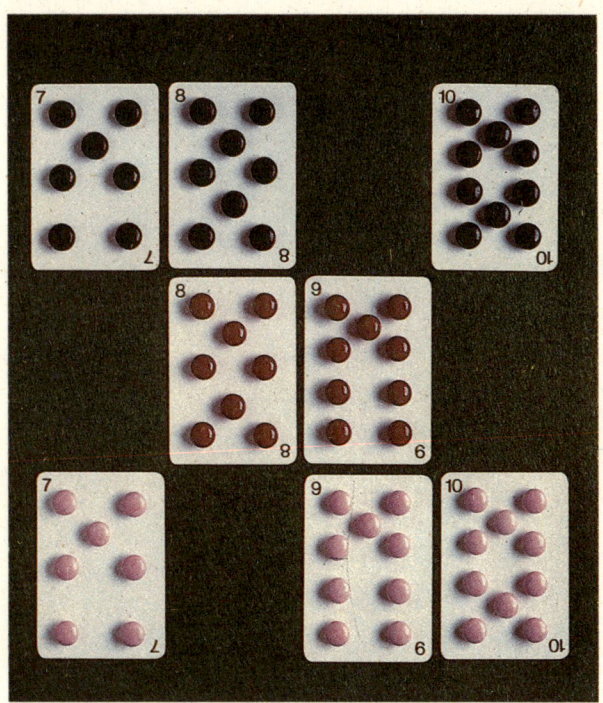

Spielregeln beachten!

Der letzte Schrei!

12× täglich!